Widerstand und biblische Inspiration
ChristInnen für den Sozialismus (Hrsg.)

Die *ChristInnen für den Sozialismus* sind eine ökumenische Bewegung, für die eine biblisch inspirierte Spiritualität und die politische Praxis das Entscheidende sind. Sie versuchen, ihre Vorstellungen von Christentum, Ökologie, Feminismus und Sozialismus zusammenzudenken und politisch umzusetzen. http://www.chrisoz.de/

ChristInnen für den Sozialismus (Hrsg.)

Widerstand und biblische Inspiration

Bibliographische Information der Deutschen Nationalbibliothek
Die Deutsche Nationalbibliothek verzeichnet diese Publikation in
der Deutschen Nationalbibliographie; detaillierte bibliographische
Daten sind im Internet unter https://portal.dnb.de/ abrufbar.

© ChristInnen für den Sozialismus 2017
Redaktion: SprecherInnen-Kollektiv der ChristInnen für
den Sozialismus (Martin Block, Reinhold Fertig, Hartmut
Futterlieb, Wolfgang Hart, Michael Korbmacher, Peter
Reuß, Ingrid Schellhammer, Henriette Sobisch)
Fotos: erlassjahr.de, Birgit Wingenroth
Drucksatz und Grafikgestaltung: Michael Korbmacher
Umschlaggestaltung: Michael Ramminger
Herstellung und Verlag: BoD - Books on Demand, Norderstedt
ISBN 978-3-7460-1525-5

Bezugsadresse:
ChristInnen für den Sozialismus
c/o Hartmut Futterlieb
Zur Linde 9
D – 36251 Bad Hersfeld
Tel.: +49-(0)6621-74905
E-Mail: Hartmut.Futterlieb@t-online.de

Inhaltsverzeichnis

Vorwort

Seit über vierzig Jahren existiert die Bewegung der *ChristInnen für den Sozialismus* (CfS). Ihr Ursprung liegt in Chile. 1970 gründeten dort vor allem Priester und Ordensleute unter dem Namen „Christianos por el Socialismo" die Bewegung, um die gewählte sozialistische Regierung unter Salvador Allende zu unterstützen. Ende der 1960er und Anfang der 1970er Jahre war dies eine Zeit des Aufbruchs. Die CfS gehörten den unterschiedlichen sozialistischen und revolutionären Gruppen an, arbeiteten aber für das gemeinsame Ziel, die Gesellschaft auf einen demokratischen Sozialismus hin zu verändern, der die Interessen der Armen berücksichtigt und die Leitworte der französischen Revolution „Freiheit, Gleichheit, Geschwisterlichkeit" in politische und ökonomische Wirklichkeit umsetzt.

Diese Hoffnungen wurden am 11. September 1973 durch einen von den USA und ihren Geheimdienst unterstützten Putsch auf grausame Weise zerstört. Als sich die damals in Deutschland aktive ökumenische Bewegung des *Politischen Nachtgebetes* in Köln versammelte, um eine politische Bewegung zu gründen, und nach einem Namen suchte, der zugleich Programm sein konnte, wurde der Name „Christen für den Sozialismus" gewählt, den politisch Verfolgte und MigrantInnen aus Chile mitbrachten. Diese Geschichte ist Teil unseres Programms.

Die Aufsätze in diesem Buch zeugen davon. Ihre Botschaften sind so unterschiedlich, wie die Lebensumstände und Beweggründe der AutorInnen, die zu unserer Bewegung gehören. Es sind unmittelbare Erfahrungsberichte wie die von *Birgit Wingenroth* und *Reinhold Fertig*. Es sind theoretische Reflexionen wie die von *Martin Block*, der die marxistische Kapitalismusanalyse von Robert Kurz mit der Befreiungstheologie zusammendenkt.

In die Anfangszeiten der CfS wiederum führen die Artikel von *Fulberth Steffensky*, der mit selbstkritischen Bemerkungen an die Vorläuferbewegung *Politisches Nachtgebet* anknüpft.

Das Thema des Buches deutet *Dick Boer* in den Titeln seiner Aufsätze an: „Kampf und biblische Inspiration". Nicht von ungefähr war dies zweimal das Thema unserer alljährlichen Intensivseminare. Da jeder von uns in unterschiedlichen politischen Feldern tätig ist, versuchen wir uns zu vergewissern, welches unsere gemeinsamen Grundlagen sind, die sich aus der gemeinschaftlichen Lektüre der biblischen Schriften ergeben. Zugleich geht es um die Zielrichtung eines Sozialismus, der Menschlichkeit fördert und sich der Unmenschlichkeit entgegenstellt, welche sich in den vielfältigen Krisen des „zynischen Kapitalismus" (Franz Hinkelammert) heute zeigt.

„Es ist so, wie es ist", sagen die Propheten des ersten Testaments. Das bedeutet: Wir haben zu analysieren und uns Rechenschaft darüber abzulegen, was in der erzählten Wirklichkeit der biblischen Schriften und in der Wirklichkeit, in der wir gegenwärtig leben, geschieht – ökonomisch, politisch und ideologisch. Aber dabei können wir nicht stehen bleiben; denn der Satz geht weiter und betrifft unsere tägliche Arbeit, unser Engagement: „Es ist so, wie es ist, aber so soll es nicht sein." Der „Schrei der Sklaven aus dem imperialen Ägypten" fordert eine andere, eine lebenswerte Welt – ökonomisch, politisch, ideologisch.

Es sind die Grundeinsichten, die Hoffnungen für ein Leben, das menschlich zu nennen ist, die in den Artikel dieses Büchleins zum Ausdruck kommen.

Das SprecherInnen-Kollektiv der CfS

Seit einigen Jahren setzt sich eine Arbeitsgruppe der CfS intensiv mit dem Evangelium nach Matthäus auseinander. Sie untersucht den Text im Sinne der materialistischen Bibellektüre, die Fernando Belos Buch Das Markus-Evangelium materialistisch gelesen *erstmals vorgestellt hat. Im Mittelpunkt dieser Herangehensweise steht der Blick auf die Bedürfnisse der Menschen und die damaligen und heutigen Klassenverhältnisse. Denn nur so ist es möglich, im Analogieverfahren aus dem Evangelium, einem Text aus einer fremden Zeit und einer fremden, vergangenen Kultur, Perspektiven für das eigene Handeln zu finden. Durch ihre Lektürepraxis hat die Arbeitsgruppe Deutungen der Texte erarbeitet, die die gängigen Interpretationen auf den Kopf und damit den Text auf seine Füße stellen. Dies ist für Hartmut Futterlieb Anlass, sich der zentralen Inhalte und Methoden der materialistischen Bibellektüre, der sozialgeschichtlichen Auslegung sowie der Amsterdamer Schule zu vergewissern.*

Hartmut Futterlieb

Jenseits bürgerlicher Exegese
Materialistische Lektüre, sozialgeschichtliche Auslegung und Amsterdamer Schule

Der Ausdruck „materialistische Bibel-Lektüre" war zunächst ein Kampfbegriff, eine Provokation gegen die „idealistische Bibelexegese" in den Elfenbeintürmen der bürgerlichen Theologie. Er hat seinen historischen Ort Anfang der 1970er Jahre, als selbst in der Jugendorganisation der FDP Lesekreise entstanden, die *Das Kapital* von Karl Marx zu verstehen suchten.[1] In den Evangelischen Studentengemeinden wurde diskutiert, wie politische Aktionen zum Vietnamkrieg, zu den Notstandsgesetzen oder zu den Berufsverboten zu organisieren seien. Dazu brauchte man keine Bibeltexte, und es gab Studentenpfarrer, die ganz in der politischen

---

1 Marx, MEW 23-25.

Arbeit aufgingen und es für erledigt hielten, sich mit den Studentinnen und Studenten hinzusetzen und biblische Fragen zu diskutieren. „Für Deutschland ist die Kritik der Religion im Wesentlichen beendet", schrieb Marx 1843 in seiner Abhandlung zur Kritik der Hegelschen Rechtsphilosophie.[2] Das wurde wörtlich genommen, und in der Überschätzung der eigenen Kräfte schien es jetzt darauf anzukommen, sich ganz und gar auf den politischen Kampf zu konzentrieren. Das gestaltete sich schwierig; denn die Linke spaltete sich in Kleinparteien auf, die sich gegenseitig bekämpften.

Aufbrüche in der ESG

In dieser Situation entwickelte sich innerhalb der ESG (damals: *Evangelische Studentengemeinde*, heute *Evangelische Studierendengemeinde*) die Vorstellung, dass die Lektüre von Marx uns nicht davon entbindet, die biblischen Schriften neu zu lesen. Gerade jetzt, in dieser politischen Situation – Klassenkämpfe in Betrieben, Anti-AKW-Bewegung, Berufsverbote, sich entwickelnde Friedensbewegung – konnte es nicht mehr um eine Reformation der bürgerlichen Exegese gehen, sondern um eine Re-Lektüre der biblischen Schriften, ohne akademische Gepflogenheiten. In den Worten von Till Wilsdorf, der als theologischer Studienreferent in der Geschäftsstelle der ESG eingestellt worden war:

> „Die theologische Rede ist kein *common sense* mehr. Die Wirklichkeit ist auch ohne sie erklärbar, politisches Handeln ohne sie begründbar. Dies führt einerseits dazu, christliches Denken auf das individuelle Verhältnis eines Menschen zu seinem Gott zu reduzieren und die biblische Botschaft für unpolitisch zu erklären; andererseits unterliegt eine biblische Begründung politischen Handelns dem Verdacht (oder der Hoffnung) einer Erneuerung der Religion. Wir versuchten, dieser Aporie zu entgehen, indem wir wieder anfingen, Bibel zu lesen."[3]

So wie der weiß gekleidete junge Mann am Ende des Markus-Evangeliums aus dem leeren Grab heraus die Anhänger Jesu mit dem Satz „Auf! Geht

---

2 Marx, MEW 1: 378.
3 Wilsdorf o.J.: 8; Hervorhebung im Original. Ich beziehe mich auf die Entwicklung in der ESG, weil ich diese genauer kenne. In den katholischen Hochschulgemeinden gab es ähnliche Entwicklungen.

nach Galiläa, dort werdet ihr ihn sehen" auffordert, das Evangelium von vorne, d.h. mit neuen Augen zu lesen, die Re-Lektüre angesichts eine neuen politischen Situation zu beginnen, so sollten die biblischen Schriften in der *TheoKom* (Theologische Kommission der ESG) im Zusammenhang mit der eigenen politischen Praxis neu gelesen werden, Re-Lektüre eben.

Fernando Belos wegweisendes Buch

Etwa zur gleichen Zeit, 1974, erschien in Paris das Buch *Lecture materialiste de L'Evangile de Marc* des ehemaligen portugiesischen Arbeiterpriesters Fernando Belo. 1980 wurde es von Kuno Füssel, Fernand Fehlen und Dominique Schlechter ins Deutsche übersetzt und erschien unter dem Titel *Das Markus-Evangelium materialistisch gelesen* im Alektor-Verlag.[4] Belo hatte den Befreiungskampf in Mozambique und Angola gegen die portugiesische Unterdrückung miterlebt und sich auf diesem Hintergrund mit marxistischen Vorstellungen auseinandergesetzt.

> „Denn die Wurzeln eines politischen Verständnisses der Bibel", schreibt Dietrich Schirmer, „liegen zweifellos dort, wo Christen zusammen mit Marxisten sich im Befreiungskampf gegen die kapitalistische Ausbeutung ihrer Länder zu beteiligen begannen. Ernesto Cardenal hat in seinen Aufzeichnungen von Bibelauslegungen der Bauern von Solentiname... gezeigt, wie selbstverständlich und eindrucksvoll sich dort der Befreiungskampf mit einer politischen Bibellektüre verbindet. Ähnliches gilt für den südafrikanischen schwarzen Theologen Allan A. Boesak und seine Arbeit..., in der deutlich wird, wie die Klassenauseinandersetzung in Südafrika und die Beteiligung von Christen an ihr das Verständnis für den politischen Charakter der biblischen Überlieferung hervor gebracht hat."[5]

Das Buch von Belo führte dazu, dass sich in Frankreich Gruppen zur politischen Lektüre der biblischen Schriften bildeten. Sie stützten sich bei ihrer Textanalyse auch auf Vertreter der strukturalistischen Sprachanalyse wie z.B. Roland Barthes, Louis Althusser, Julia Kristeva. Diese verstehen Texte als ein Gewebe (vgl. unser Wort „Textil") von Zeichen

---

4 Darüber hinaus hat Kuno Füssel mit vielen Aktivitäten erfolgreich dafür gearbeitet, dass die materialistische Bibellektüre in Deutschland, Österreich und der Schweiz bekannt, etabliert und weiterentwickelt wurde.

5 Schirmer 1982: 7f.

und Bedeutungen, die in historisch erkennbare Gesellschaftsformationen eingebettet sind. Belo analysiert sie im Rückgriff auf Althusser in den ersten beiden Teilen seines Buches, bevor er sich der Struktur des Textes selbst zuwendet.

Im ersten Teil unter der Überschrift „Der Begriff der Produktionsweise" entwickelt er ein politisches Kategorien-Gerüst, das ein wichtiges Hilfsmittel ist, um sowohl die in den Texten enthaltene Praxis als auch die aus den Texten folgende eigene politische Praxis zu analysieren. In Anlehnung an Althusser geht er von drei strukturierten Komplexen von Praxisformen aus, der ökonomischen, der politischen und der ideologischen Instanz, wobei in letzterer „ideologisch" nicht die Bedeutung von „falsches Bewusstsein" hat, sondern sich auf die Deutungsmöglichkeiten für gelebte Wirklichkeit, für eine gesellschaftlich relevante politische Praxis bezieht.

> „Die ideologische Praxis", so formuliert es Kuno Füssel, „hat das religiöse, politische, juristische und künstlerische Weltverhältnis der Menschen zu ihrem Gegenstand und formt dieses zu einem bestimmten institutionell verkörperten Bewusstsein... Genau wie das Ökonomische und Politische stellt auch das Ideologische eine notwendige Instanz jeder Gesellschaftsformation – einschließlich der kommunistischen – dar. 'Die Ideologie (als ein System von Massenvorstellungen) ist in jeder Gesellschaft unentbehrlich, um die Menschen zu bilden, sie zu verändern und in die Lage zu versetzen, den Anforderungen ihrer Existenzbedingungen zu genügen.' In diesem Sinne 'ist die Ideologie ewig, ebenso wie das Unbewußte', was nicht besagt, dass die einzelnen ideologischen Konfigurationen geschichtlich konstant bleiben oder sich nicht wandeln."[6]

In diesem Sinne sind Texte Teil der ideologischen Produktivkräfte, die nicht nur Reflex oder Widerspiegelung der ökonomischen und politischen Wirklichkeit sind, sondern als „einschreibende Kräfte" Teil dieser Wirklichkeit. Deshalb ist es wichtig, dass die biblischen Texte konsequent als Literatur gelesen werden, die in eine bestimmte historische Gesellschaftsformation hineingeschrieben wurden. Sie sind nicht „Glaubenszeugnisse" für christlich vorgeformte „Wahrheiten".

Die biblischen Schriften sind also Texte, die aus vielfältig verwobenen Zeichensystemen bestehen. Die einzelnen Sequenzen dieser Texte sind

---

6 Füssel 1987: 19.

als Teile eines Ganzen erkennbar und durch sprachliche Codes strukturiert. Die Entschlüsselung dieser Codes ist die Aufgabe der Re-Lektüre
biblischer Schriften. Gegenüber einer rein sprachlich verorteten Literaturtheorie betont die materialistische Bibel-Lektüre zwei Ebenen, die die
Entschlüsselungsarbeit berücksichtigen muss: die Analyse der historischen
Gesellschaftsformation, in der der Text produziert wurde, und der gesellschaftliche Standort desjenigen, der sich an die Entschlüsselungsarbeit
macht. Belo untersucht deshalb im zweiten Teil seines Buches unter der
Überschrift „Die Produktionsweise im biblischen Palästina" die Symbolordnung im alten Israel (Gesetz, Rein-Unrein; Segen-Fluch; Schuld und
Gabe) und ihren Zusammenhang mit den ökonomischen, politischen
und ideologischen Instanzen der antiken Sklavenhaltergesellschaft im
1. Jahrhundert. Er greift dabei unter anderem auf die historisch-kritischen
Forschungen von Gerhard von Rad oder Joachim Jeremias zurück[7].
Erst danach beginnt er mit einer genauen Strukturanalyse der einzelnen
Sequenzen des Markusevangeliums. Das ist eine nicht einfache Lektüre,
weil die Leserin oder der Leser sich immer wieder die Bedeutungen der
verschiedenen Abkürzungen vor Augen führen muss, die Belo verwendet.
Das Buch von Belo hat den Blickwinkel verändert. Das hat viele Gruppen
veranlasst, sich neu mit den biblischen Texten zu befassen.

„Man kann eine materialistische Interpretation nur treiben im Rahmen
einer verantwortlichen Teilhabe an gesellschaftlicher Praxis", schrieb
George Casalis: „Und wenn man die Wirklichkeit der Klassenkämpfe
erkannt hat, dann ist natürlich die Frage unerläßlich, auf welcher Seite
dieser Klassenkämpfe der Interpret steht. Und das ist die Frage, die man
in jedem Falle zu beantworten hat, bevor man behauptet, man treibe
eine materialistische Interpretation. [...] Es gibt keine gesellschaftliche
Neutralität. Eine materialistische Bibelinterpretation hat ständig die Frage

---

7　Über Fernando Belo, George Casalis und Michel Clévenot wurde die Liste der Sekundärliteratur
　　durch ein Alternativseminar an der katholischen Fakultät der Universität Münster erweitert.
　　Die Dokumentation dieses Seminars wurde in zwei Auflagen gedruckt und fand weite Verbrei
　　tung (wie übrigns auch das oben erwähnte Buch *Drei Tage im Tempel*, ein „Renner" in der
　　Kollektion der *edition liberación*, die von dem CfS Ludger Buse sorgfältig redigierte Bücher
　　zur Bibelauslegung und zur Befreiungstheologie herausbrachte). Die Dokumentation wurde
　　1976 von Studenten der exegetischen und kirchengeschichtlichen Seminare fertiggestellt, die
　　„ein Unbehagen gegenüber der Form, wie dort etwa Exegese und Kirchengeschichte betrieben
　　wurde", spürten und der „idealistischen" Vorgehensweise im Lehrbetrieb etwas entgegensetzen
　　wollten. Sie stellten eine umfangreiche Literaturliste zusammen, in der auch marxistische
　　Autoren berücksichtigt waren.

zu stellen: Was sind die Produktionsbedingungen bzw. welche sind die Entstehungsumstände der biblischen Texte? Was wird gesagt von wem und zugunsten welcher Interessen?"[8]

Es gibt keine voraussetzungslose, objektive Exegese, wie dies die universitäre Logik vorzugeben scheint, sondern diejenigen, die die Lektüre betreiben, müssen sich ihres eigenen Standpunkts vergewissern, sich klar machen, welchen Einfluss dies auf die Lektüre hat. Den Zusammenhang zwischen der Praxis der Bibel-Lektüre und der eigenen Praxis macht Belo am Schluss seines Buches am Beispiel des Themas „Auferstehung" deutlich:

„Zuletzt noch eine Präzisierung. Die Auferstehung Jesu geschieht nach dessen Ermordung. Läge irgendein Sinn in der Affirmation der Auferstehung eines gealterten Jesus, der den 'seligen' Tod einer bestimmten Frömmigkeitsauffassung gestorben wäre? Die Frage nach der Auferstehung stellt sich nicht in Beziehung zum Tod, sondern nur in Beziehung zum Mord, der die Kon-Sequenz der machtvollen, befreienden Subversivität und Praxis des Bruchs mit dem SOZ (dem sozialen Code, HF) war. So haben schon die Makkabäer die Frage nach der Auferstehung der Kämpfer, die beim Aufstand gegen die Syrer gefallen waren, aufgeworfen. Aber die durch das Theologische bewirkte Verwandlung des Mordes in einen Tod *verengt diesen Ort* der Frage.

Denn die Auferstehung ist nur als Frucht des Aufstandes zu haben. Trifft dies nicht auch heute für die Morde an Che Guevara und Camillo Torres zu? Und in noch höherem Maße für die anonymen und heroischen Kämpfer der russischen, chinesischen, vietnamesischen, algerischen, kubanischen, chilenischen... Revolution. Wie kann ein Materialist sich der Frage nach dem Sinn der Ermordung der russischen Revolutionäre entziehen, wenn fünfzig Jahre nach der Revolution der Staatskapitalismus in Rußland herrscht? Es geht nicht darum, den Märtyrertod zu verherrlichen, denn das (im Text verwischte) Messianische hat versucht, diesem zu entgehen. Der Ort der Repression der Körper, die gegen den Einfluß des Geldes, die Herrschaft der Waffen, gegen Gott und die Vernunft aufstehen (sich erheben), dieser nicht mehr zu überbietende materialistische Ort der alltäglichen Gewalt, unter der die Körper der Armen zu leiden haben, ist der Ort, wo sich notwendigerweise die affirmative Frage nach der Auferstehung stellen muß."[9]

---

8 Casalis, zitiert in: Schirmer 2005: 9.

9 Belo 1980: 363; Hervorhebung im Original. Füssel & Füssel haben 2001 eine Re-Lektüre des Markusevangeliums vorgestellt, die auf die Grundstruktur des Evangeliums eingeht und die politische und befreiungstheologische Bedeutung des Evangeliums neu interpretiert.

Belo interessiert sich für das Markusevangelium als einer Erzählung von der Praxis des Protagonisten Jesus (hebräisch: Jehoschua = JHWH rettet [befreit, erlöst]). Dieser Jesus verkörpert eine Handlungsweise, die dem Blickwinkel der Armen, dem Blickwinkel „von unten" Rechnung trägt. Als Handlungsträger und als Handlungsfigur verkörpert Jesus eine Deutung der Wirklichkeit, die in der Tat von dem „kategorischen Imperativ" ausgeht, „alle Verhältnisse umzuwerfen, in denen der Mensch ein erniedrigtes, ein geknechtetes, ein verlassenes, ein verächtliches Wesen"[10] ist. Geschrieben wurden die Evangelien für kleine, marginalisierte Gruppen in den Städten des Römischen Reiches, Gruppen von Juden und Nicht-Juden, für die der ermordete Jeschua der Messias, der Befreier für eine kommende gerechte Welt Gottes war. Insofern gehört das Markus-Evangelium nicht zur gehobenen antiken Literatur, die den Kanon der klassischen Bildung ausmacht, sondern ist subversive Literatur. Wer ernsthaft in einen Dialog mit diesem Text eintritt, für den verändert sich auch die Wirklichkeit, sie fordert zu einer dreifachen Praxis heraus:

Die Praxis der Augen (Sie entspricht dem analytischen Code): Sie besteht aus einem bewussten Sehen, das den Schleier der Illusionen und Slogans zerreißt. Diese Praxis schaut hinter die Interessen und Masken, durch die Menschen manipuliert und hilflos gemacht werden. Sie weiß das wahre Gesicht der Menschen wahrzunehmen, die als Geschöpfe zu Mitgestaltern der Schöpfung berufen sind. Es ist eine Praxis der Neugier. Sie spürt die verborgenen Möglichkeiten in jedem Menschen auf. Sie befreit dazu, für die Gemeinschaft einzutreten, so dass alle einander in Menschlichkeit und Wahrhaftigkeit begegnen können. Grundlage für die Praxis der Augen ist die Nächstenliebe bzw. die Solidarität. Es ist eine Praxis des „Lesens" (und „Hörens") in ihrer ideologischen Dimension.

Die Praxis der Hände (Sie entspricht dem ökonomischen Code): Es ist die Praxis des Austeilens, des Teilens. Die Praxis der Hände bedeutet auch: Verteilung des Besitzes, damit die Grundlagen für Geschwisterlichkeit, für Gleichheit und Befreiung geschaffen werden können. Dabei geht es um den Zusammenschluss der individuellen Lebensformen derjenigen Menschen, die unterdrückt werden, die ausgestoßen sind,

---

10 Marx, MEW 1: 385.

die Not leiden. Die Praxis der Hände ist die Praxis der Nächstenliebe, der Solidarität in ihrer ökonomischen Dimension.

Die Praxis der Füße (Sie entspricht dem strategischen Code): Sie lässt gesellschaftliche Tabus hinter sich und überschreitet Vorurteile. Sie überwindet die Grenzen, die durch Macht und Gewalt, durch Herrschaft und Herrschaftssicherung gezogen werden. Es ist die Praxis der Hoffnung, die sich auf den Weg macht, um eine schwesterliche und brüderliche Welt zu schaffen. Die Praxis der Füße ist die Praxis der Nächstenliebe, der Solidarität in ihrer politischen Dimension.[11]

Sozialgeschichtliche Exegese

1978 kam das Buch *Jesus von Nazareth, Hoffnung der Armen* von Luise Schottroff und Wolfgang Stegemann heraus. Beide kommen aus der akademischen Tradition, knüpfen jedoch an die Praxisvorstellungen Belos an.[12] Sie setzen sich mit der akademisch geprägten exegetischen Tradition auseinander und entwickeln eine Sprache, die auch den theologischen Laien verständlich ist. Hintergrund dafür waren nicht fromme Bibelkreise, sondern die politischen Auseinandersetzungen der späten 1960er und der 1970er Jahre. Dieses Buch fand weite Verbreitung über den Kreis der Kirchenmitglieder hinaus. Es war die Zeit der Kirchentage, in der Bibelarbeiten mit aktuellen politischen Fragen verbunden wurden.

Vier Jahre zuvor, 1973, zur Zeit des Militärputsches in Chile, kam ein grundlegendes Buch von Helmut Gollwitzer heraus: *Die kapitalistische Revolution*. Darin analysiert Gollwitzer den Klassenkampf von oben. Andreas Pangritz schreibt im Vorwort zur Neuauflage des Buches 1998:

„Gegenüber einem individualistisch verengten Verständnis der Botschaft vom Reich Gottes schärft Gollwitzer ein: 'Nachfolge Jesu' umfasst durchaus das ganze menschliche Leben, also auch das 'Leiblich-Materielle'. Die neue Lebensbeziehung sei 'universal', weshalb sie in 'besondere Solidarität mit jeder Kategorie von Ausgeschlossenen' trete. Dabei entspreche

---

11 Vgl. Belo 1980: 306ff.
12 Sie übernehmen allerdings nicht Belos Strukturanalyse, vgl. Schottroff & Stegemann 1978: 14, vielmehr geht es ihnen um den „historischen Jesus in einem *modernen* Sinn" (ebd.: 12). „Auch Jesus als Symbol christlichen Glaubens, als Hoffnungssymbol, ist ein Mensch unter Menschen, der Bruder – nicht ein metaphysisches Wesen." (ebd.: 13).

nicht nur der 'gegenwärtige Lebensvollzug' der 'Jüngergemeinde' selbst 'dem Leben im kommenden Reich Gottes', vielmehr habe das Leben der 'Jünger-Kommune' auch konkrete Auswirkungen auf die sie umgebende Gesellschaft. Die 'Jüngergemeinde' sei 'durch die Existenz in der Gesellschaft ein Subjekt permanenter Revolution.'"[13]

Schon Ende der 1960er Jahre hatten ChristInnen wie Dorothee Sölle, Fulbert Steffensky und Marie Veit mit dem Politischen Nachtgebet in Köln eine Bewegung angestoßen, die zu einem neuen Blick auf die biblischen Schriften führte und diese aus ihren Käfigen im Gottesdienst und Religionsunterricht herausholten. Die historisch-kritische Frage nach dem „Sitz im Leben" wurde konkret erweitert zur Frage nach dem Sitz im Leben der Menschen unter den ökonomischen, politischen und ideologischen Verhältnissen ihrer Zeit und den Analogien zu dem Sitz im Leben unter den ökonomischen, politischen und ideologischen Verhältnissen unserer Zeit. Die Konflikte in den Texten konnten nicht mehr theologisch überhöht und damit auf einer „frommen" Ebene neutralisiert werden. Aus ihnen erwuchsen Fragen zu den Konflikten der Gegenwart. Das zeigte sich sehr deutlich an der Deutung der Kreuzigung Jesu, wie sie Dorothee Sölle herausarbeitete:

„Vielleicht stört es Sie, daß ich Politik und Religion ständig vermische. Spreche ich denn von Kierkegaard oder vom Klassenkampf? Es wird mir und vielen anderen Christen immer unmöglicher, beides zu trennen. Ich kann mein Leben nicht mehr in diese Schubladen aufteilen. Ich weiß sicher, daß das Evangelium keine Neutralität, kein Sich-Heraushalten duldet. Man mag zögern, den Kampf Jesu gegen die einheimische herrschende Klasse der Sadduzäer und gegen die imperialistische Unterdrückung durch Rom als 'Klassenkampf' zu bezeichnen, aber es ist kein Zweifel darüber möglich, auf welcher Seite er stand, auf der Seite der Armen, der religiös Unerzogenen und daher Verachteten, wie die Frauen, bei den outcasts, den Ausgestoßenen, wie Huren und Zöllnern. Er rekrutierte Freunde im ländlichen Proletariat der Fischer. Das Ziel seines Kampfes, das Reich Gottes, war die Überwindung einer klassengeteilten Gesellschaft in eine, in der Brüderlichkeit und Schwesterlichkeit möglich sein wird. Der Ruf, sein Kreuz auf sich zu nehmen, ist der Ruf, sich dem Kampf anzuschlie-

---

13 Gollwitzer 1998: 21.

ßen. Ergreife Partei, brich die Neutralität, stelle dich auf die Seite der Verdammten dieser Erde.

Diese Deutung des Rufes 'nimm dein Kreuz auf dich und folge mir' widerspricht natürlich einer bürgerlichen Auslegung. Als man mit dem Martyriumskreuz der alten Kirche nichts anfangen konnte, hat man das Kreuz spiritualisiert und veralltäglicht, wie schon bei Lukas ablesbar...«[14]

Solche Worte radikalisierten diejenigen, die sich mit den biblischen Texten befassten. Fortan waren Luise Schottroff, Dorothee Sölle und Marie Veit nicht nur auf Kirchentagen zu hören, wo sie große Säle füllten, sondern auch bei Demonstrationen und Widerstandsaktionen der Friedensbewegung. In diesem Umfeld entwickelte sich die sozialgeschichtliche und feministische exegetische Tradition, die von der Zeitschrift *Junge Kirche* aufgegriffen wurde.

Ein Kristallisationspunkt dieser Arbeit an der sozialgeschichtlichen Exegese wurde der *Heidelberger Kreis* um den Alttestamentler Frank Crüsemann und die Neutestamentlerin Luise Schottroff. Es ist eine Gruppe von Hochschullehrern, der es darum geht, die historisch-kritische Bibelexegese so durch Untersuchungen des sozialgeschichtlichen Umfeldes der Texte zu erweitern, dass die Bedeutung der Texte im wirklichen, sozialgeschichtlich fassbaren Leben der Gruppen im 1. Jahrhundert erkennbar werden, die sich auf die messianische Gestalt des Jesus aus Nazareth beriefen. Die exegetische Kategorie „Sitz im Leben" wurde nicht mehr mit dogmatischen Vorstellungen gefüllt. Diese haben sich zumeist in der Wirkungsgeschichte christlicher Tradition entwickelt. Die Vorstellung von einer fiktiven, im Universitätsjargon theologisierenden Kultgemeinde ist für heutige Leser kaum mehr verständlich. Was mit „Sitz im Leben" bezeichnet wurde, wurde nun mit historisch greifbaren Vorstellungen zu den Lebensverhältnissen der Adressaten der biblischen Schriften im 1. Jahrhundert verbunden. Dazu gehören historische ebenso wie archäologische Untersuchungen. Im Vorwort zum sozialgeschichtlichen Wörterbuch heißt es:

„Die biblischen Texte sind vor zwei- bis dreitausend Jahren entstanden. Sie setzen antike Lebenswelten voraus, also Gesellschaftsformen, ökonomische Verhältnisse und Grundlagen des alltäglichen Zusammenlebens, die den

---

14 Sölle 1977.

Menschen, die die biblischen Texte verfasst haben, selbstverständlich waren. Sie sind uns heute jedoch vielfach nicht mehr bekannt: Wie sah die tägliche Versorgung mit Nahrungsmitteln aus? Welche Kleidung haben die Menschen getragen? Wer hat welche Arbeit verrichtet? Gab es eine Rente für ältere Menschen?

Es liegt nahe, solche Begriffe der Lebenswelt zunächst mit den eigenen, den heutigen Erfahrungen zu füllen. Das beginnt bei Gegenständen des Alltags. Wer sich beispielsweise unter dem Spiegel von 1. Kor. 13.12 ('Wir sehen jetzt durch den Spiegel ein dunkles Bild') einen Badezimmerspiegel vorstellt, wird die Aussage missverstehen oder sinnlos finden. Man muss sich schon einen antiken 'Spiegel aus Bronze mit polierter Oberfläche' (so im Art. Körperpflege) vergegenwärtigen.“[15]

Es geht um den lebensgeschichtlichen Hintergrund, der sozusagen wie eine Folie hinter den Texten erkennbar ist, so dass die Bedeutungen der Texte vor diesem Hintergrund deutlicher und lebendiger hervortreten. Dabei wird nicht nur darauf Wert gelegt, die Bedeutungen von Vorstellungen aus dem Ideologie-Bereich (wozu religiöse Vorstellungen gehören) – auch archäologisch – zu ergründen, sondern auch die Bedeutungen der Verben, das Handeln der Menschen einzubeziehen. Welches ist der soziale Hintergrund des Handelns? Welche Motive, welche Absichten sind erkennbar? Und daraus folgt natürlich: Welche Schlüsse folgern wir für unser Handeln? In eine Kurzform gebracht, lauten die Fragestellungen bei Handlungstexten: „Wer tut wem was mit welcher Konsequenz?“, bei Deutungstexten: „Wer sagt wem was mit welcher Absicht?“ So lassen sich die leitenden Interessen identifizieren, die in den Texten ausgedrückt werden.

Im Umkreis des Heidelberger Kreises ist eine Reihe von Schriften entstanden, in denen neben exegetischen Untersuchungen auch Auseinandersetzungen mit den Problemen der heutigen Zeit entwickelt werden. Das ist erkennbar an Buchtiteln wie *Schuld und Schulden. Biblische Traditionen in gegenwärtigen Konflikten* oder *Das Imperium kehrt zurück. Das Imperium in der Bibel als Herausforderung für*

---

15 Crüsemann u.a. 2009: ix. Inzwischen gibt es eine Reihe von Monographien und andere Untersuchungen zur Sozialgeschichte der Zeit der biblischen Schriften. In den USA erscheint eine Reihe zur Sozialgeschichte des Christentums, hgg. v. Richard A. Horsley, von der der erste Band unter dem Titel *Die ersten Christen* erschienen ist. Leider soll diese Reihe nicht fortgesetzt werden. Es gibt anscheinend immer noch Widerstände gegen die sozialgeschichtliche Exegese in Deutschland.

die Ökumene heute. Der unbestreitbare Höhepunkt der Arbeit des Heidelberger Kreises ist die Arbeit an und die Herausgabe der *Bibel in gerechter Sprache*, die aus diesem Kreis initiiert wurde. Im Vorwort zu dieser Bibelübersetzung werden die leitenden Interessen der Übersetzerinnen und Übersetzer genannt, die auch als leitende Interessen der gesamten sozialgeschichtlichen Bibelexegese bezeichnet werden können: Es geht dieser Bibelübersetzung um eine geschlechtergerechte Sprache, die die Ergebnisse der feministischen Deutung der biblischen Schriften berücksichtigt, es geht darum, die antijüdischen Verzerrungen, die sich in der Wirkungsgeschichte in vielen – vor allem auch Luthers – Übersetzungen manifestiert haben, zu entdecken und aus der innerjüdischen Perspektive neu zu hören. Vor allem geht es um den Anspruch der sozialen Gerechtigkeit, der voraussetzt, dass in den Texten die sozialen Verhältnisse der Zeit, in der sie geschrieben wurden, deutlich erkennbar werden. Die sozialgeschichtliche Exegese wird inzwischen in einem größeren Kreis anerkannt. In der Zeitschrift *Junge Kirche* erscheinen regelmäßig sozialgeschichtliche Bibelauslegungen.

Amsterdamer Schule: Lektüre im Lehrhaus

Aus der Arbeit im Umkreis der materialistischen Bibel-Lektüre in den Evangelischen und katholischen Studierendengemeinden, die in verschiedenen Gruppen der *ChristInnen für den Sozialismus* weitergeführt wurde, wuchs die Zeitschrift *Texte und Kontexte*, die eng mit dem Namen Ton Veerkamp verbunden ist. Um ihn herum und von ihm inspiriert entwickelten sich an verschiedenen Orten „Lehrhaus-Gruppen"[16], in

---

16 Ton Veerkamp beschreibt das „Lehrhaus" – im Gegensatz zu einem 'Bibelkreis' folgendermaßen: „Zu jeder Gemeinde gehört das 'Lehrhaus'. Das Lehrhaus, so haben wir vor mehr als fünf Jahren in Berlin gesagt' ist der Ort, an dem die christliche Gemeinde auf den Spuren der jüdischen Tradition das Gespräch mit der Schrift und mit der Geschichte aufnimmt, nicht als Selbstzweck, sondern um des Weges in die Zukunft willen. Ein biblisches Lehrhaus ist etwas anderes als eine Bibelstunde oder ein Bibelarbeitskreis. Im Lehrhaus wird auf die Schrift in ihrer 'Gesamtheit' gehört. Natürlich kann die Lektüre nur buch- und versweise voranschreiten, aber bei der Auslegung jedes einzelnen Abschnitts muss immer das Ganze bedacht sein. Wir sagen nicht, dass dies in Bibelstunden oder -arbeitskreisen nicht passieren sollte, aber meistens bleibt die Bibellektüre in der Gemeinde fragmentarisch, zufällig, ohne innere Zusammenhänge. Der innere Zusammenhang ist aber nicht das einzige, was hinter der Lektüre stehen soll. Wir fügten damals hinzu: Hören und tun, das sind die beiden Pole im Lehrhaus... Bibel und Politik:

denen die alternative Bibel-Lektüre weiterentwickelt wurde, ohne dass dieser im Anfang provokativ gemeinte Begriff „materialistisch" weiter im Vordergrund gestanden hätte. Die Lektüre der Schrift im Umkreis der Zeitschrift *Texte und Kontexte* wurde inspiriert durch die sog. Amsterdamer Schule, in deren Mittelpunkt eine Exegese steht, die

> „als ein Plädoyer für den Text als kritischer Instanz gegenüber den Hörenden charakterisiert werden kann. Der Amsterdamer Respekt vor dem Text in der Gestalt, die uns überliefert wurde und in der Gemeinde gehört wird, ist Ausdruck der Erwartung, daß Gott, von den Texten bezeugt, das Wort an uns richte."[17]

Es geht also darum, dass die biblischen Schriften zwar aus vielen Büchlein bestehen, dass diese aber eine Einheit bilden, von einer durchlaufenden roten Linie durchzogen sind. Die einzelnen Texte beziehen sich auf das Ganze. So sind z. B. die Briefe des Paulus im Orientierungsrahmen der Tora und der Propheten zu verstehen. Die biblischen Schriften als „Große Erzählung" zeichnen sich dadurch aus, dass sie in einer Befreiungsgeschichte ihren Ausgang nehmen, in der sich eine Gemeinschaft vom Joch der Unmenschlichkeit befreit, und dies in einem sehr irdischen, „materialistischen" Sinn. „Gott" ist hier nicht ein im Jenseits hockendes Wesen, das als Verkörperung eines unerforschlichen Schicksals hier und da eingreift, sondern der „Ich bin [für euch da]", erkennbar in konkreten Erfahrungen, im „Tun der Gerechtigkeit", im solidarischen Handeln. Das ist der Hintergrund, wenn Kurt Marti z.B. den Wunsch formuliert, dass „Gott" ein Tätigkeitswort sein möge. Das Wort „Gott" bezeichnet keinen nominal festgelegten Glaubensgegenstand in einer Abfolge dogmatisch geprägter Sätze, so wie dieses Wort in den Glaubensbekenntnissen erscheint und auch immer wieder verstanden wird.

Es geht um den NAMEN, der in den biblischen Schriften mit den vier Buchstaben „JHWH" bezeichnet wird:

> „Die Frage nach der Existenz Gottes hat Israel nicht interessiert, sondern was er tut, was er bewirkt, wenn er Gott ist. Der Name ist somit kein

---

so könnte man die zwei Pole auch benennen. Nicht getrennt voneinander – denn in der Bibel geht es um das Leben des Volkes im Lande, also um Politik. So wie ein Magnet immer zwei Pole hat, so kann auch das Leben in der Gemeinde nur zwei Pole haben: Hören und Tun." Veerkamp 1987: 21.

17 Butting 1994: 15.

Existenzbeweis, als ob er seine Daseinsberechtigung nachweisen müsste; der Name hat ganz und gar Tatcharakter. Und die UR-TAT, mit der sich die Offenbarung seines Namens verbindet, ist das Auszugsgeschehen, die Befreiung aus der Knechtschaft."[18]

Diese Befreiungserfahrung muss als durchgängige Grunderzählung in der Großen Erzählung immer mitgelesen werden. Sie ist in der Frage enthalten, die hinter allen Texten steht: Welchem Gott lauft ihr hinterher? Diese Frage, die im Hintergrund aller Einzeltexte und Einzelbücher aufleuchtet, ist zugleich eine Frage an uns: Welchem Gott laufen wir in diesen Zeiten des finanzmarktgetriebenen Kapitalismus hinterher? Die erste Lektüre ist eine politische Lektüre des Textes, die seine Fremdheit berücksichtigt, nicht nur die Fremdheit der Sprache, sondern auch die Fremdheit des historischen Kontextes. In der Re-Lektüre geht es darum, welche Fragen der Text an uns, für unser politisches Handeln, stellt und wie wir dies in unserem Handeln beantworten können, und zwar in unserem „anderen" Kontext.

Die eigene politische Praxis gehört zu der materialistischen Lektüre der biblischen Schriften dazu. Ganzheit, Materialität, Praxis als Grundlagen der Lektüre bedeuten also, dass die Lektüre einzelner Texte zugleich den ganzen Text als „Große Erzählung" im Auge hat, mit dem Ausgangspunkt der Tora (fünf Bücher Mose) und der Nebiim (Propheten) als Schlüsseltexte des Ersten Testaments (der „ganzen" Tora). Die Texte des Zweiten Testaments sind insofern kein „Neues Testament", sie sind Kommentare zum Ersten Testament in der ökonomischen, politischen und ideologischen Situation des 1. Jahrhunderts unserer Zeitrechnung.

So lesen wir auch das Matthäus-Evangelium in unserer CfS-Arbeitsgruppe zur materialistischen Bibel-Lektüre. Diese Schrift ist Untergrundliteratur, in der die Botschaft des Ersten Testaments auf dem Hintergrund der ökonomischen, politischen und „messianischen" Praxis einer kleinen jüdischen Gruppe in der zweiten Hälfte des 1. Jahrhunderts reflektiert wird. Diese Gruppe – der Evangelist Lukas nannte seine entsprechende Gruppe später „Leute des neuen Weges" – lebte möglicherweise in einem Synagogenbezirk von Antiochia, der drittgrößten Stadt im Römischen Imperium. Sie beruft sich auf ihren Protagonisten Jesus aus Nazareth,

---

18 Wolf-Steger 1991: 15.; Großschreibung im Original.

Grundworte der Schrift

Verirrung (Verfehlen) („Sünde") zerstört die geheilte Gesellschaft (*schalom*), die Befreiung (*j'sch'a*) verfehlt ihr Ziel. Die Gesellschaft ist nicht gerecht. Sie hat eine Unrechtsordnung. Die Menschen können sich auf nichts mehr verlassen. Solidarität („Nächstenliebe") findet nicht mehr statt. Deswegen ist „Sünde" („strukturelle Sünde") eine buchstäblich todernste Angelegenheit.

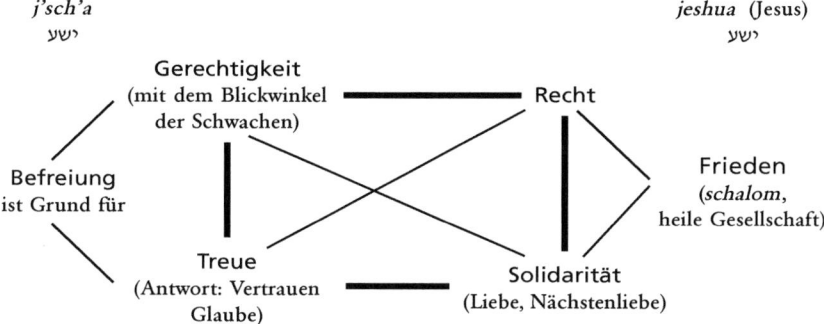

schub (שוב) – Umkehr, Bekehrung setzt die gesellschaftsvernichtende Wirkung der Verirrung („Sünde") außer Kraft.

Abb. 1: Grundworte der Schrift (eigene Darstellung nach einer Vorlage, die Ton Veerkamp bei einem Vortrag in Bad Hersfeld vorgestellt hat)

der der Handlungsträger im Büchlein des Matthäus ist. Dieser schreibt etwa zehn Jahre nach dem römisch-jüdäischen Krieg, in dem Jerusalem vollständig zerstört, der Tempel eingerissen, etwa ein Drittel der Bevölkerung getötet, am Kreuz hingerichtet, vertrieben oder versklavt worden war (zum historischen Kontext s. Abb. 4, S. 30). Wir können uns die Flüchtlinge vorstellen, die nach Antiochia kamen und versorgt werden mussten.

Nach Markus (der zehn Jahre vorher schrieb) ist der Vorhang zum Raum des Allerheiligsten zerrissen, in dem JHWH als anwesend gedacht war. An die Stelle des Tempels, der Symbol für die Gemeinschaft war, tritt die Verkörperung der Befreiung (*jascha*, ישע): der am Folterinstrument des imperialistischen Roms ermordete Befreier Jesus (*jeschua*, ישע; s. Abb. 1, S. 23).

Lehre und Tun des Protagonisten Jesus aus Nazareth, der für diese Gruppe der Messias ist, werden zur Wegweisung, zur Orientierung der messianischen Gruppen. Und indem diese Gruppen auch Nichtjuden aufnehmen, erweitern sie ihren Horizont. Innerhalb der globalisierten Welt des römischen Imperiums verfasst Matthäus – eine Gruppe, die unter dem Namen „Matthäus"[19] zusammengefasst ist – eine „Lehrhaus"-Schrift als Vergewisserung und zur Unterrichtung für seine Gruppe, für die die Überzeugung grundlegend ist,

> „dass in der Mission (der Botschaft, HF) Kreuzigung und Auferstehung Jesu Gottes gerechte und Leben spendende Absichten offenbar wurden und als Gericht über die römische Herrschaftsordnung sowie als Alternative dazu sichtbar geworden seien."[20]

Im NAMEN „Jesus" („Jeschua" ist die Kurzform von „Jehoschua": „JHWH erlöst, rettet, befreit") wird der Hinweis auf die Befreiungserzählung des Ersten Testaments aufgerufen, die in der lateinamerikanischen Befreiungstheologie in den 1970er und 1980er Jahren des vorigen Jahrhunderts mit den konkreten Kämpfen gegen die feudalen Strukturen und die Macht der Militärdiktaturen verbunden wurde. In Nicaragua entstand *Das Evangelium der Bauern von Solentiname*, das zeigte, dass die Bauern in dem fremden Text ihre eigenen Verhältnisse wiedererkannten. Wörter wie „Gerechtigkeit", „Solidarität", „Befreiung", „Frieden" wurden aus ihren dogmatischen Gefängnissen gelöst und in die eigene politische Praxis eingebracht. So wurde die Befreiungstheologie Lateinamerikas zu einer inspirierenden Kraft auch für Europa.

Im Ersten Testament geht es darum, wie die durch Mose verkörperte Befreiung immer wieder verspielt wird – und immer wieder neu erkämpft werden muss. Dies führt zur Katastrophe von 587, als Jerusalem durch Nebukanezar zum ersten Mal zerstört und die gesamte Oberschicht des Volkes ins Exil nach Babylon verschleppt wird. Erst unter dem persischen König Kyros erhalten Mitglieder der exilierten Oberschicht Israels die Erlaubnis, wieder nach Jerusalem zurückzukehren. Dies ist für einen kurzen historischen Moment die „kleine Chance des Nehemia". Dieser versucht – zusammen mit dem Priester Esra – ein Gemeinwesen

---

19 Der Name Matthäus ist eine Gräzisierung von Matijahu, d.h. Geschenk des NAMENS. Mit anderen Worten: Die Gruppe, die dieser Schule den Namen gab, empfand ihr Produkt als Geschenk des Gottes der Tora und der Propheten. Ich verdanke diesen Hinweis Michael Korbmacher.

20 Carter 2007: 163.

zu verwirklichen, eine Tora-Republik, in der Autonomie und Egalität sozusagen Verfassungsrang erhalten.[21]

Dabei geht es um den Text als Ganzes. Bei aller Widersprüchlichkeit, bei allen gegensätzlichen Interessen, die die in verschiedenen Zeiten und in einem langen Prozess entstandenen Texte der biblischen Schriften prägen, es geht um das Ganze. Und das Ganze kann als „Große Erzählung" bezeichnet werden. Auch wenn unterschiedliche Textsorten verwendet werden (z.b. Lyrik, Rechtssprüche, Genealogien, Gleichnisse, Sagen und Märchen), so geht es doch vor allem um die Erzählung von einem Weg, den eine bestimmte Gemeinschaft (Jißrael) geht bzw. von dem sie abweicht. Die Wegweisung, die Orientierung wird in immer neuen Erzählungen variiert, die die Grundeinsichten für diese Orientierung in Handlungszusammenhänge übersetzen.

Die Schöpfung mit der hoffnungsvollen Zusage „Und siehe, es war sehr gut" ist die tragende Grundlage für die gesamte Erzählung. In der Aussage der Schlange „Ihr werdet sein wie Gott" in der zweiten Schöpfungserzählung wird der Grundkonflikt angesprochen, der die gesamte Große Erzählung durchzieht: Menschen maßen sich an, absolute Macht über andere Menschen auszuüben. Sie machen sich selbst zu Göttern oder laufen menschengemachten Göttern hinterher. Konkretisiert werden diese Aspekte in den Erzählungen aus der Menschheitsgeschichte (z.B. Kain und Abel, Turmbau zu Babel) und in den Mütter- und Vätererzählungen, angefangen von Abraham bis hin zu Joseph, vor allem aber dann in den Erzählungen der Propheten.

Mit der Erzählung der Befreiung aus dem Sklavenhaus Ägypten beginnt der Weg der Gemeinschaft *Jissrael*, die Orientierung an den Grundworten „Gerechtigkeit und Recht", die „Treue" des NAMENs, der diesen Weg begleitet und das Vertrauen („glauben"), das auf die Treue des NAMENs antwortet (s. Abb. 1, S. 23). So entsteht Solidarität und Zuverlässigkeit, Bewährung, durch diedie Befreiung gesichert werden kann. Ziel des Weges sind Frieden[22] (schalom), Egalität und

---

21 Vgl. Veerkamp 1992: 82.

22 Veerkamp nannte dies in einem Vortrag die „Grundstruktur der Gesellschaft", die mit den hebräischen „stehenden Worten" *zedekah umischpat* (Bewährung und Recht) und *chesset w'emeth* (Solidarität und Treue) ausgedrückt werden, und dazu zitiert er den Psalm 85, der alle Grundworte (s. Abb. 1, S. 23) zusammenfasst in einer eigenen Übersetzung:

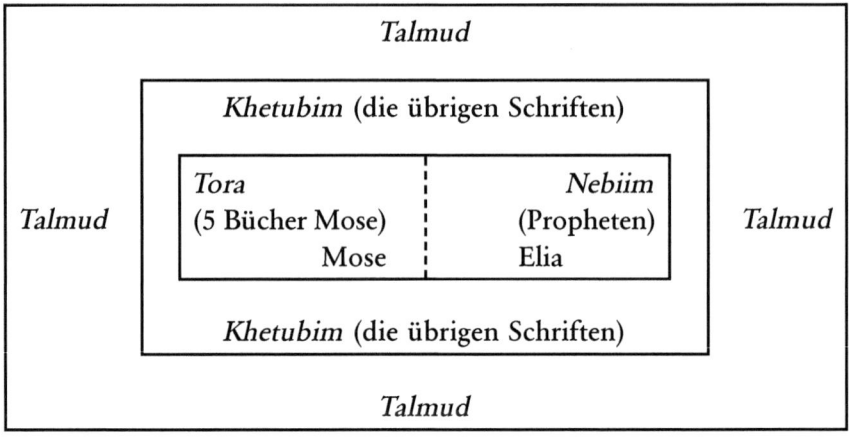

Abb. 2: Rabbinische Auslegung von Tora, Nebiim und Khetubim (nach einer Darstellung, die Ton Veerkamp bei einem Vortrag in Bad Hersfeld vorgestellt hat)

„Begnadet hast du, Ewiger, dein Land,
aufgehoben hast du das Verbrechen deines Volkes,
eingesammelt hast du deinen Zorn.
Lasst uns wiederkehren, Gott unserer Freiheit,
zürnst du bis in Weltzeit über uns?
Willst du nicht umkehren, uns beleben?
Lass uns, EWIGER, deine Solidarität sehen.
Ich will Hören, was Gott, der NAME redet
zu seinem Volk, zu denen, die solidarisch sind.
Gewiss, seine Freiheit ist den ehrfürchtigen nah,
Solidarität und Treue treffen sich,
Treue sprießt aus dem Land auf.
Ja, der NAME gibt uns das Gute,
das Rechte geht uns voran,
zur Wiederkehr hast du kehren lassen Jakob,
bedeckt alle Verirrungen –
dich abgekehrt von der Flamme deines Zorns.
Brich deine Wut über uns ab.
Zieht sich dein Zorn durch, Geschlecht um Geschlecht,
dass sich dein Volk über dich freut?
Gib uns deine Freiheit.
Denn er redet Frieden,
sich nicht zur Dummheit kehren,
damit wuchtige Ehre in unserem Land wohn.
Gerechtigkeit und Frieden küssen sich,
Gerechtigkeit schaut vom Himmel herab,
unser Land gibt uns seinen Ertrag,
richtet den Weg seiner Schritte.“

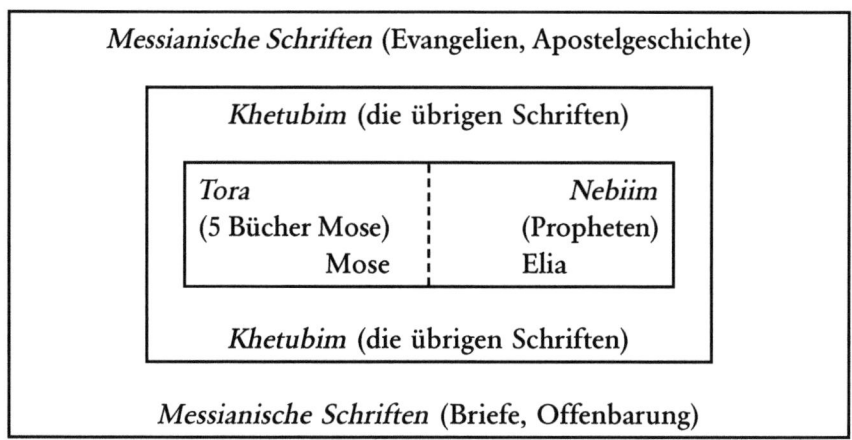

Abb. 3: Messianische Auslegung von Tora, Nebiim und Khetubim (nach einer Darstellung, die Ton Veerkamp bei einem Vortrag in Bad Hersfeld vorgestellt hat)

Autonomie. Von diesem Weg wird erzählt, wie er in den historischen Auseinandersetzungen von Menschen geradlinig begangen wird (diese werden „Bewährte" genannt) und wie dieser Weg immer wieder – vor allem durch Herrschergestalten – verfehlt wird. (Das Verfehlen des Weges der Weisung [Tora] wird „Sünde" genannt; s. Abb. 1, S. 23). Nicht die Könige, die Propheten sind es, die auf die Grundeinsichten hinweisen, die Orientierung erneuern. Für das Zweite Testament ist es der Prophet Jeshua, der schon in seinem Namen die Hoffnung auf Befreiung verkörpert. Für die Autoren der „messianischen Schriften" (das sog. Neue Testament) handelt er in der Nachfolge von Mose und Elia (s. Abb. 2, S. 26, und Abb. 3, S. 27).

Schlussfolgerungen

Wir haben es in den biblischen Schriften nicht mit objektiver Geschichtsschreibung zu tun, auch wenn immer wieder in der Exegese der „historische Jesus" beschworen wird. Es bleiben Erzählungen, fiktive Texte, für die wir die historischen Hintergründe erahnen können, die wie eine nicht einfach zu entziffernde Folie den Texten hinterlegt sind. Diese Folie zu entschlüsseln gehört zur materialistischen Re-Lektüre der biblischen

Schriften dazu. Sie untersucht nicht nur die Ebene der politischen Auseinandersetzungen zwischen Herrschern und Völkern im Vorderen Orient, sondern interessiert sich auch für die sozialen Verhältnisse, für die Konflikte der Klassen, für die ideologischen Einflüsse von Philosophien, Religionen oder gesellschaftlichen Institutionen, für das Alltagsleben der Menschen unter den gegebenen ökonomischen Verhältnissen der Zeit.

Deutlich wird dabei, dass in den biblischen Erzählungen sowohl des Ersten als auch des Zweiten Testaments Verschuldung und Verarmung dasjenige Konfliktpotenzial ist, das im Mittelpunkt steht. Aus ihm heraus entstehen Unterdrückungs- und Entfremdungsprozesse, die den Ruf nach Befreiung auslösen.

Auch wenn die biblischen Schriften gewissermaßen nur noch als kultureller Rest in unserer Gesellschaft eingebettet sind, so bedeutet die Re-Lektüre, dass wir im Rückgriff auf die Schrift nach den heutigen Unterdrückungs- und Entfremdungskonflikten fragen, nach Befreiungsmöglichkeiten und Befreiungserfahrungen heute. Die Grundfrage der biblischen Schriften: „Welchem Gott lauft ihr hinterher?" ist auch die Grundfrage, die heute unser Handeln bestimmt. Deshalb nennt Veerkamp sein Buch *Der Gott der Liberalen*, das eine umfassende Kritik des herrschenden Neoliberalismus bietet, ein Buch über das erste Gebot. Dieser Gedanke wird an verschiedenen Stellen reflektiert:

> „Bei der Verwendung der Vokabel *Gott* geht es darum, die gesellschaftliche Funktion zu begreifen. Es gibt zwar säkulare, aber keine *gott*losen Gesellschaften. Das Diktat der Anpassung, der Unterwerfung, ist praktischer Vollzug dieser apersonalen Religion. Die neue Weltreligion ist die vorbehaltlose Unterwerfung unter die Gesetze des Marktes."[23]

So wie also Religionskritik[24] in den biblischen Texten verankert ist, so ist ihre materialistische Re-Lektüre die Wiederaufnahme der Religionskritik unter den gegenwärtigen ideologischen, politischen und ökonomischen Verhältnissen. In einem Fragment von 1926 schrieb Walter Benjamin:

---

23 Veerkamp 2005: 131; Hervorhebung im Original; vgl. auch Veerkamp 2012, besonders: 50ff.
24 Zum Dialog mit der marxistischen Religionskritik ist das Heft 5-10, 48. Jg. der *Marxistischen Blätter* erschienen. Es trägt den Titel *Falsche Götter, Religionskritik als Kapitalismuskritik*. Das Heft ist in der Folge einer Tagung zum gleichen Thema, die von der *Marx-Engels-Stiftung* und dem *Institut für Theologie und Politik* in Münster veranstaltet wurde.

„Im Kapitalismus ist eine Religion zu erblicken, d.h. der Kapitalismus dient essentiell der Befriedigung derselben Sorgen, Qualen, Unruhen, auf die ehemals die so genannten Religionen Antwort gaben."[25]

Er beschreibt in diesem Fragment den Kapitalismus als die einzig verschuldende und nicht entsühnende Religion, die keinen speziellen Kult braucht, weil sie permanenter Kult ist, die kein Dogma nötig hat, weil sie alle Lebensverhältnisse durchdringt. Kapitalismus ist diejenige Ideologie, die absolute Unterwerfung fordert. Kapitalismus ist diejenige Gesellschaftsordnung, die den Menschen und die Natur ihrer Logik unterwirft, die als alternativlos und damit als unantastbar, als heilig ausgegeben wird. Und diese Logik zerstört nach Marx die Natur und den Menschen. Materialistische Bibel-Lektüre arbeitet den Gegensatz zwischen dem NAMEN und den Göttern in der Religion des Kapitalismus heraus.

Auch in dieser Auseinandersetzung mit der eigenen Wirklichkeit heißt es: Welchem Gott, welchen Göttern laufen wir hinterher? Es ist eine Auseinandersetzung, die sich innerhalb der biblischen Schriften als fundamentale Kritik an religiösen Kulten wiederfindet, als Kritik an allen Strukturen, in denen Menschen erniedrigt und ihrer Menschlichkeit beraubt werden. Materialistische Bibel-Lektüre kommt ohne Religionskritik nicht aus. Denn immer wieder schleichen sich in die Auslegung von biblischen Texten dogmatische Vorgaben ein, die sich im Laufe der kirchlichen Wirkungsgeschichte entwickelt haben. Abstraktion und Individualisierung sind Beispiele dafür, wie sich die Bibelexegese im europäischen Umfeld entwickelt hat. Das drückt sich etwa darin aus, dass theologische Sprache zur Binnenwährung geworden ist, die außerhalb der Kirchen nicht mehr verstanden wird, etwa wenn von der „Rechtfertigung des Sünders" gesprochen wird. Individualisierung drückt sich z.B. in der Metapher „Mein Herr Jesus" aus. Pater Gerhard (Jerry) Pöter, der seit Jahren in El Salvador in einer Armengemeinde arbeitet, drückte es so aus: „Immer wenn ich in Deutschland Christen das Vaterunser beten höre, hört sich das an, als sagten sie 'mein Vater' statt 'unser Vater'." Das entspricht meinen Erfahrungen mit Oberstufenschülern, bei denen – auch wenn sie ihre christlichen Lebensbezüge

---

25 S. Benjamin 2004: 15

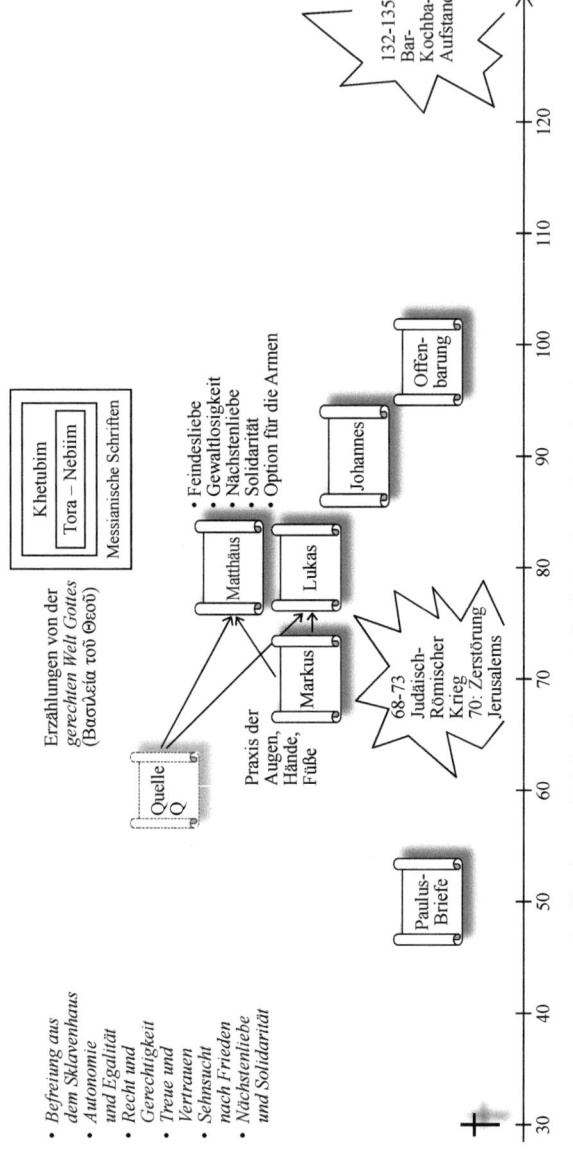

Die Große Erzählung des Zweiten Testaments

Erzählungen von der Praxis und der Lehre
des Messias (ישוע) Jesus

Erzählungen von der
gerechten Welt Gottes
(Βασιλεία τοῦ Θεοῦ)

Khetubim

Tora – Nebiim

Messianische Schriften

• Feindesliebe
• Gewaltlosigkeit
• Nächstenliebe
• Solidarität
• Option für die Armen

Offen-
barung

Johannes

Matthäus

Lukas

Markus

Quelle
Q

Praxis der
Augen, Hände,
Füße

68-73
Judäisch-
Römischer
Krieg
70: Zerstörung
Jerusalems

Paulus-
Briefe

132-135
Bar-
Kochba-
Aufstand

• Befreiung aus
  dem Sklavenhaus
• Autonomie
  und Egalität
• Recht und
  Gerechtigkeit
• Treue und
  Vertrauen
• Sehnsucht
  nach Frieden
• Nächstenliebe
  und Solidarität

Der Weg der messianischen Gruppen in den Städten des römischen Imperiums

Die „Leute des neuen Weges" (Lukas):
• Juden
• „Gottesfürchtige"
• Nicht-Juden

Abb. 4: Zeitachse zur Entstehung der messianischen Schriften (eigene Darstellung)

(und Kenntnisse der biblischen Schriften) mit der Konfirmandenprüfung abgestreift haben – sich eine Grundvorstellung entwickelt hat, die besagt, dass jeder seine eigene individuelle Religion und damit auch seinen eigenen individuellen Gott besitze. Demgegenüber wäre „unser Vater" ein Zeichen dafür, dass sich die Betenden als Geschwister verstehen.

Materialistische Lektüre der biblischen Schriften bedeutet, dass ich das ökonomische, politische und ideologische Feld wahrnehme, in dem ich mich befinde. In diesem Feld mache ich mir meinen Standort klar. Welches ist die Position, von der aus ich mich mit den Texten beschäftige? Welche Wirkungsgeschichte hat der Text hinter sich? Und kann ich den Text als Erzählung verstehen, als Textil, ein Gewebe von Zeichen, durch das Konflikte hindurchscheinen, die sich nicht nur auf historische Machtkämpfe beziehen, sondern genauso auf die alltäglichen Lebensbedingungen und Lebenskämpfe der Menschen, von denen in diesen Erzählungen die Rede ist (s. Abb. 4, S. 30). Der Dialog mit den konkreten Lebensverhältnissen, die in den Texten aufscheinen, führt zu Fragen nach den eigenen Lebensverhältnissen. So entsteht die notwendige Konkretion.

Den eigenen Klassenstandpunkt besser zu verstehen, die Texte als Teil einer subversiven Literatur wahrzunehmen und die alltäglichen Lebensverhältnisse, die im Hintergrund der Texte aufleuchten, zu erforschen, das sind Aufgaben, die noch längst nicht abgeschlossen sind. Die „Matthäus"-Gruppe von CfS ist auf dem Weg.

Literatur[26]

Benjamin, Walter (2004): „Kapitalismus als Religion". In: Becker, Dirk (Hrsg.): *Kapitalismus als Religion*. 2. Aufl., Berlin, S. 15-18.

Belo, Fernando (1980): *Das Markus-Evangelium materialistisch gelesen*. Stuttgart.

Butting, Klara (1994): *Die Buchstaben werden sich noch wundern. Innerbiblische Kritik als Wegweisung feministischer Hermeneutik*. Berlin.

Cardenal, Ernesto (1976 & 1978): *Das Evangelium der Bauern von Solentiname*. 2 Bde. Wuppertal.

---

26 Auswahl: Angeführt wird vor allem die Literatur, die in den Anfängen der materialistischen/ sozialgeschichtlichen Lektüre von biblischen Texten eine Rolle gespielt hat. Nicht berücksichtigt wurden die Schriften, die im Umkreis des Heidelberger Kreises um Marlene und Frank Crüsemann, Luise Schottroff, Rainer Kessler, Claudia Janssen u.a. entstanden sind. Der Heidelberger Kreis hat nicht nur die *Bibel in gerechter Sprache*, sondern auch umfangreiche sozialgeschichtliche Untersuchungen zu biblischen Schriften erarbeitet.

Carter, Warren (2007): „Die Matthäus-Gemeinschaft". In: Horsley 2007, S. 161-188.

Casalis, George (1980): *Die richtigen Ideen fallen nicht vom Himmel.* Stuttgart.

Clévenot, Michel (1978): *So kennen wir die Bibel nicht. Anleitung zu einer materialistischen Lektüre biblischer Texte.* München.

Crüsemann, Frank; Kristian Hungar; Claudia Janssen, Rainer Kessler & Luise Schottroff (2009) (Hrsg.): *Sozialgeschichtliches Wörterbuch zur Bibel.* Gütersloh.

Füssel, Eva, & Kuno Füssel (2001): *Der verschwundene Körper.* Luzern.

Füssel, Kuno (1987): *Drei Tage mit Jesus im Tempel. Einführung in die materialistische Lektüre der Bibel.* Münster (Mit einem Unterrichtsvorschlag zur Lektüre des Markusevangeliums als Ganzschrift von Hartmut Futterlieb).

Gollwitzer, Helmut (1998): *Die kapitalistische Revolution.* Tübingen.

Horsley, Richard A. (2007) (Hrsg.): *Die ersten Christen.* Gütersloh.

Marx, Karl (MEW 1): „Zur Kritik der Hegelschen Rechtsphilosophie. Einleitung". In: *Marx-Engels-Werke*, Bd. 1, Berlin (DDR) 1983, S. 378 391.

Marx, Karl (MEW 23-25): *Das Kapital.* 3 Bde., *Marx-Engels-Werke*, Bde. 23-25, Berlin (DDR) 1979, 1981 & 1983.

Schirmer, Dietrich (1982) (Hrsg.): *Die Bibel als politisches Buch. Beiträge zu einer befreienden Christologie.* Stuttgart.

Schirmer, Dietrich (2005): *Exegetische Studien zum Werk des Lukas, erklärt aus seinem jüdischen Kontext.* 2. Aufl., Berlin (Selbstverlag).

Schottroff, Luise, & Wolfgang Stegemann (1978): *Jesus von Nazareth, Hoffnung der Armen.* Stuttgart.

Sölle, Dorothee: *Kreuz und Klassenkampf.* Vortrag am 7. Oktober 1977 in Paris bei der Verleihung des Ehrendoktors der Freien Fakultät für Protestantische Theologie aus Anlass des 100. Geburtstages der Fakultät, http://www.lebenshaus-alb.de/magazin/008241.html, letzter Aufruf: 25.7.2017.

Sölle, Dorothee, & Klaus Schmidt (1974) (Hrsg.): *Christentum und Sozialismus. Vom Dialog zum Bündnis.* Stuttgart.

Veerkamp, Ton (1987): „Lehrhaus für die Gemeinde. Einleitung in die Lektüre der Schrift". In: *Texte und Kontexte*, Nr. 36, 10. Jg., 4/1987, S. 21-39.

Veerkamp, Ton (1992): *Autonomie und Egalität. Ökonomie, Politik und Ideologie in der Schrift.* Berlin.

Veerkamp, Ton (2005): *Der Gott der Liberalen.* Hamburg.

Veerkamp, Ton (2012): *Die Welt anders. Politische Geschichte der Großen Erzählung.* Berlin.

Veit, Marie (1991): *Theologie muss von unten kommen. Ratschlag für Linke.* Wuppertal.

Wilsdorf, Till (o.J.): *Der diskrete Charme der kirchlichen Bürokratie.* Stuttgart

Wind, Renate (1995): *Befreiung buchstabieren. Basislektüre Bibel.* Gütersloh.

Wolf-Steger, Anke (1991): „'Kein Gott, kein Herr, kein Sklave' – kein Mann". In: *Texte und Kontexte*, Nr. 52, 14. Jg., 4/1991, S. 2-19.

Zeitschriften

Junge Kirche, hgg. v. Erev-Rav. Verein für biblische und politische Bildung, Woltersburger Mühle 1, 29525 Uelzen

Texte und Kontexte, hgg. v. Verein für politische und theologische Bildung LEHRHAUS e.V., Redaktions- und Vertriebsanschrift: Lehrhaus e.V., Nerviewrstr. 12, 44263 Dortmund.

Anlässlich der Jahrestagung 2012 von Kairos Europa zum Thema „Öko-logisch-soziale Transformation konkret" hielt Fulbert Steffensky diesen Vortrag. Er stand am Ende einer Reihe von politischen und ökonomi-schen Analysen, die nach konkreten Möglichkeiten des gesellschaftlichen Wandels fragten. Fulbert Steffensky griff das Thema auf und wendete die Aufmerksamkeit den Gruppen zu, die politische Aktionen und die Aus-einandersetzung mit den biblischen Schriften verbinden. Dabei geht er besonders auf die Gruppe um das Politische Nachtgebet in Köln in den 1960er Jahren ein, die gewissermaßen eine Vorläuferin der ChristInnen für den Sozialismus war. Dies ist der geschichtliche Hintergrund für seine abschließende Antwort auf die Frage: Warum sollen die Linken fromm sein und die Frommen links?

Fulbert Steffensky

Kirchen als Agenten des Wandels

Ich gehe in diesem Vortrag drei Schritte: Ich frage zunächst nach dem Grundbild der christlichen Tradition, das Transformation, Wandel und Bekehrung eigentlich selbstverständlich und alltäglich machen müsste. Ich frage nach der jesuanischen Vorstellung vom Reich Gottes. In einem zweiten Teil frage ich nach den Agenten des Wandels in der Kirche. Es sind ihre Gruppen. In einem dritten Teil schildere ich ein Beispiel eines solchen Wandels, das Politische Nachtgebet in Köln.

Reich Gottes

Die Menschen sind sich nicht selber genug, und es hat noch keine gesellschaftliche Einrichtung gegeben, in denen die Armen zu ihrem Recht und die Gedemütigten zu ihrer Würde kamen. Und so ist der große Durst nach einem Reich entstanden, das keinen ausstößt und das allen eine Heimat ist; der Durst nach dem Reich, in dem Gott König ist und das den Mächtigen dieser Erde ihre Grenze setzt. „Des Herrn ist das Reich und er herrscht unter den Heiden." heißt es im Psalm 22 (Ps 22,29). In jedem Gottesdienst beten wir: „Dein Reich komme!" Es ist das tägliche Gebet um die Revolution. Gott soll herrschen, er soll König sein, sein Reich soll errichtet werden. Es geht dabei nicht nur um die Bewahrung eines Einzelnen, um die Rettung seiner Innerlichkeit, um persönliche Heiligung. Es geht mit dem Gedanken des Reiches um einen Lebensraum, um ein Land, um eine Stadt, um eine messianische Zeit – die Bilder wechseln –, in der es keine Opfer gibt und in der alle „in Gerechtigkeit, Frieden und Freude im heiligen Geist" (Röm 14,17) leben können. Es geht um die Öffentlichkeit des Glücks oder des Heils, wie die Propheten es schon verheißen haben. Jesus beruft sich bei seinem ersten öffentlichen Auftritt in Nazareth auf Jesaja:

> „Der Geist des Herrn ist auf mir. Er hat mich gesalbt, zu verkündigen das Evangelium den Armen; er hat mich gesandt, zu predigen den Gefangenen, dass sie frei sein sollen, und den Blinden, dass sie sehen sollen, und den Zerschlagenen, dass sie frei und ledig sein sollen." (Lk 4,18)

In jener Rede in Nazareth sagt Jesus von sich selbst: „Heute ist dieses Wort der Schrift erfüllt vor euren Ohren." (Lk 4,21) Was also sind die Zeichen jenes Reiches, das mit Jesus angebrochen ist? Es geht nicht nur um eine neue Innerlichkeit, sondern um das öffentliche und greifbare Heil der Menschen, die es brauchen. „Das Reich Gottes ist euer", verspricht er den Armen in den Seligpreisungen (Lk 6,20). Zum großen Gastmahl – ein Bild jenes Reiches – sind die Menschen von der Landstraße und von den Hecken und Zäunen gerufen, die Verlorenen, die Verirrten, die Verlassenen, die von Dämonen geplagten, die Kranken und Verkrüppelten, die Trauernden und die Bettler, die Sünder und alle, die in der Gesellschaft verachtet sind. Jesus ist kein Spiritualist und nicht nur ein Meister der Innerlichkeit. Die Verhältnisse des Lebens sollen sich ändern, in denen Menschen geknechtete und verachtete Wesen sind. Das Reich Gottes soll kein ferner und vager Traum sein, der die Unglücklichen vertröstet. Die Versprechungen Jesu sind nicht die Blumen an der Kette des Unglücks, die dieses erträglicher machen. *Jetzt* und *Heute* heißt die Nachricht. *Jetzt* schon soll sich keiner Meister über einen anderen nennen. *Jetzt* schon soll es unter den Menschen des Reiches Gottes nicht wie unter Königen und Mächtigen zugehen, „sondern der Größte soll sein wie der Jüngste und der Vornehmste wie ein Diener" (Lk 22,26). *Jetzt* schon soll keiner, der unter die Räuber gefallen ist, verblutend auf der Straße liegen bleiben. Jesus sendet die 12 Jünger aus zur Verkündigung des nahen Himmelreiches. Diese Verkündigung geschieht nicht nur in Worten, dazu gehört ihr Auftrag: „Macht Kranke gesund, weckt Tote auf, macht Aussätzige rein und treibt böse Geister aus!" (Mt 10,8) Die Verkündigung des nahen Reiches nur in Worten bleibt leer. Worte und Versprechungen allein wecken noch keine Hoffnung. Was nicht seinen Schatten vorauswirft, was noch kein Vorspiel hat, daran kann man nicht glauben. Die Worte sind die eine Art, das nahe Reich anzusagen. Die andere Art der Ansage sind die großen Zeichen: Die Gebrechen und die Krankheiten werden geheilt und die falschen Geister werden ausgetrieben. Es soll das Erbarmen Gottes über die Menschen kommen, „die verschmachtet sind und zerstreut wie Schafe, die keinen Hirten haben" (Mt 9,36). Die Versprechungen Gottes sollen augenscheinlich werden. Nein, das Reich Gottes ist keine innere Angelegenheit. Es ist die Umkehrung aller Verhältnisse, in denen der Mensch erniedrigt und beleidigt ist. Kein Wunder, dass Jesus als politischer Aufrührer zum Tode verurteilt wurde.

Darum ist die Predigt des Reiches Gottes zuerst ein Appell zur Umkehr und Veränderung, der Aufruf zur Buße. Buße ist der Aufruf zu Wandel und Transformation. Es ist die Ermunterung dazu, ein Grundrecht der Würde wahrzunehmen, das „Recht, ein anderer zu werden", wie Dorothee Sölle es nannte. Jesus beginnt seine Predigt in Galiläa mit dem Ruf zur Umkehr: „Die Zeit ist erfüllt, und das Reich Gottes ist herbeigekommen. Tut Buße und glaubt an das Evangelium!" (Mk 1,15) So hat auch der Täufer Johannes seine Predigt begonnen, und als die Menschen, die ihn hörten, fragten wie das geschehen soll, antwortete er konkret: Niemandem Gewalt oder Unrecht antun; die Nackten bekleiden und den Hungrigen zu essen geben. Die Güte und die Gerechtigkeit sind die Zeichen des neuen Reiches. Die Sünde, von der man sich bekehren soll, ist also nicht nur eine innere Wirklichkeit und ein Hindernis für das Heil der Seele.

„Sünde als Bruch mit Gott ist vielmehr eine geschichtliche Wirklichkeit, Zerbrechen der Gemeinschaft der Menschen untereinander, Abkapselung des Menschen in sich selbst und Bruch mit den Menschen in vielfacher Hinsicht." (Gustavo Gutiérrez)

Die Kirche kann den Begriff „Reich Gottes" nicht so spiritualisieren, dass er jede innerweltliche Kraft verliert. Ihr Glaube an das Reich wird daran gemessen, welche Aufmerksamkeit sie für jene Traurigen hat, die Christus getröstet hat; für jene Armen, denen er das Reich versprochen hat; für jene Außenseiter, die er zu seinem Mahl geladen hat. Ihre Verkündigung des Reiches Gottes ist zugleich die Bestreitung aller falschen Herrschaften und Reiche, die auf tönernen Füßen des Unrechts daherkommen. In einem Lied von Kurt Marti heißt eine Strophe:

„Das könnte den Herren der Welt ja so passen,
wenn erst nach dem Tod Gerechtigkeit käme,
erst dann die Herrschaft der Herren,
erst dann die die Knechtschaft der Knechte
vergessen wäre für immer."

Die Bergpredigt ist die dichteste Stelle der Ansage jenes Reiches, in dem die ersten Adressaten die Armen sind. Selig sind die Armen, die Trauernden, die Leidenden, die Barmherzigen, die um der Gerechtigkeit willen Verfolgten. Die „Bibel in gerechter Sprache" übersetzt so: „Selig sind die Armen, denen sogar das Gottvertrauen genommen wurde, denn ihnen gehört Gottes Welt." (Mt 5,3) Dies ist schon eine Deutung des Verses, eine aus dem Geist der Bergpredigt angemessene Deutung. Gott hat Lieblingskinder und Menschen seines ersten Augenmerks, es sind die Armen. Sie werden nicht selig gepriesen, weil sie besser sind als andere; weil sie frömmer, sondern weil sie arm sind. Ihre Schmerzen und Entbehrungen, die gesellschaftliche Verachtung, die sie erfahren, sind der Grund der Seligpreisung, nicht irgendein Verdienst, den sie aufzuweisen haben. Die Frau, die ihr eigenes Kind verletzt, damit es beim Betteln mehr einbringt – sie ist nicht fromm, aber sie ist arm. Der Arbeitslose, den die Hoffnungslosigkeit in den Suff getrieben hat – er ist nicht fromm, aber arm. Die verlorenen und gewalttätigen Jugendlichen, die aus Angst vor der eigenen Armut die noch Ärmeren und die

Fremden hassen – sie sind nicht gut, sie sind arm. Viele sind zu arm, um gütig zu sein. Sie sind zu arm, um fromm zu sein

In einem Dokument der Befreiungstheologie aus Lateinamerika heißt es:

> „Die Armen verdienen ein vorrangiges Augenmerk, ungeachtet ihrer moralischen und persönlichen Befindlichkeit. Geschaffen nach Gottes Bild und Gleichnis, um seine Kinder zu sein, wird dieses Bild verdunkelt und verhöhnt. Gott übernimmt es, sie zu verteidigen, er liebt sie." (Beschluss der Bischofssynode 1979 in Puebla [Mexiko]: Nr. 1142)

Die bitterarmen, die kleinen Leute, die Kinder, die Kranken, die Sünder – alle also, die sich nicht mehr auf sich selbst berufen können und die mit den eigenen Künsten nicht mehr auskommen, sind die Lieblingskinder Gottes. Der Trostruf an die Armen ist meistens verbunden mit einem Drohruf gegen die gemachten Leute. Im Matthäusevangelium finden wir einen Jubelruf Christi, der die Kleinen preist und der die Drohung gegen die Großen nennt: „Ich preise dich, Vater, Herr des Himmels und der Erde, weil du dies den Weisen und Klugen verborgen und es den unmündigen offenbart hast." (Mt 11,25) Das Evangelium erlaubt keine Neutralität. Es fragt uns mit der Frage eines alten Arbeiterliedes aus den USA: „Which side are you on?" Auf welcher Seite stehst du? Für wen stehst du auf? Für wen, Kirche, redest du? Mit welchem Interesse schweigst du? Was verschweigst du? Wir lesen die Bibel. Die Bibel liest auch uns. Sie liest, welche Vordringlichkeiten wir haben. Sie liest, was wir lieben. Sie liest, ob wir Gott oder Götzen dienen.

Oh je! Jetzt bin ich in die berühmte protestantische Falle des schlechten Gewissens getappt. Gute Protestanten sind Menschen mit schlechten Gewissen, sagt man. Nein, die Bibel ist nicht da, um uns ein schlechtes Gewissen zu machen, sondern um uns ein Gewissen zu machen.

Wie lernen wir unser Gewissen? Wir lernen es nicht, indem wir als Erstes die Moral dieses alten Textes gegen uns selbst gerichtet sehen. Wir lernen unser Gewissen, indem wir die Schönheit, die Freiheit und die Würde wahrnehmen und anfangen, sie zu lieben.

Christus ist schön, der niemanden verloren gibt und der sich mit der Niederlage des Rechts nicht abfindet. Seine waghalsige Freiheit ist schön, in der er den Geläufigkeiten ihr Recht aufkündigt; den Geläufigkeiten, dass die Armen arm, die Trostlosen ungetröstet und die Friedenstifter verlacht bleiben. Ich bewundere die menschenfreundliche Schönheit und Würde der Bergpredigt, und erst so pflanze ich sie in mein eigenes Gewissen; erst so wird sie zur Moral.

Eine der Seligpreisungen der Bergpredigt heißt: Selig sind, die hungern und dürsten nach der Gerechtigkeit. Gerechtigkeit ist strukturell gedachte Liebe; es ist nicht nur die personale Zuneigung des einen zum anderen. Die Liebe denkt nicht nur interpersonal, sondern sie lebt in der strukturellen Beachtung von Wirklichkeit. Sie ist untrennbar verbunden mit Gerechtigkeit, ihrem politischen Namen. Wenn diese Liebe langfristig ist und ihre politische Naivität abgeschüttelt hat, dann weiß sie, was der Markt und die Ökonomie den Menschen antun können. Diese öffentlich gewordene und an Öffentlichkeit interessierte Liebe verdient am ehesten den Namen Solidarität. Solidarität also ist die Haltung, die die Bedingungen und die Strukturen des menschlichen Lebens bedenkt. Sie meint nicht nur einen einzelnen Menschen, sie denkt menschheitlich. Die Nächstenliebe meint eher den Hungernden, die geschändete Frau, das verlassene Kind, die in mein Blickfeld gekommen sind und die mich adoptiert haben, indem ich sie angesehen habe. Zwischen Nächstenliebe und Solidarität besteht ein Unterschied in der Pointierung, nicht aber im Wesen. Solidarität ohne Liebe in reiner moralisch-politischer Mechanik wird leer. Liebe ohne Intelligenz, Liebe ohne den Blick für die Strukturen des Rechts und des Unrechts wird blind und hilflos.

Die Kirche wird ihre Bergpredigt nicht los, sie wird ihren Jesus nicht los. Der Schweizer Schriftsteller Peter Bichsel sagte einmal in einem Gespräch mit Dorothee Sölle:

„Die Kirche wird diesen Christus nicht loskriegen. Das mag ich ihr gönnen. Ich finde das so toll, dass sie das nicht kann. Denn seit annähernd 2000 Jahren versucht sie es. Sie weiß, wenn sie ihn loskriegt, gibt es sie nicht mehr. Solange es sie gibt, ist aber der Begründer der Kirche eine ungemeine Belastung."

Der Christus der Bergpredigt – eine glückliche Last der Kirche und der Christen.

In der jesuanischen Verkündigung des Reiches Gottes spielen Langsamkeit, Gewaltlosigkeit und Geduld eine Rolle. Mit dem Reich Gottes geht es wie mit einem Senfkorn, klein und unscheinbar ist es. Aber es wird zu einem großen Baum. (Markus 4,30) Es ist eine Saat, die langsam wächst. (Mt 13,1-9) Es ist wie ein Sauerteig, den eine Frau ins Mehl mengt und der den Teig langsam durchsäuert. Dies sind Bilder der Gewaltlosigkeit: die Frau, die ihr Brot backt; das Senfkorn, das langsam zum großen Baum wird; der Bauer, der in Geduld auf das Wachsen seiner Saat wartet.

Mein zweiter Punkt: Gruppen als Agenten der Veränderung – Gruppen und ihre prophetische Aufgabe

Was ist ein Prophet? Wer ist eine Prophetin? Wie immer geben uns die Exegeten eine reichhaltige Antwort. Im Laufe der exegetischen Geschichte haben sie die Propheten genannt: Religiöse Genies, geniale Einzelgänger, Männer des ewig Neuen (die Frauen blieben vergessen!), gottunmittelbare Personen, Ruferinnen zur Entscheidung, ekstatische religiöse Existenzen, authentische Ausleger des Gesetzes und der religiösen Traditionen. Was ist ein Prophet? Es sind die Menschen, die in verblendeten Zeiten den Willen Gottes erkennen und widerborstig auf ihm bestehen. Es sind also nicht nur die historischen Figuren, die wir in der Bibel finden – Jesaja, Jeremia oder Amos. Gott verlässt sein Volk nicht, und darum öffnet er bis heute Männern und Frauen die Augen, die ihm seinen Willen sagen, der unter dem Schutt des Eigenwillens und der falsche Träume begraben ist.

Wie kommt die prophetische Wahrheit in unseren Kirchen zustande, und wie findet der Geist dort seine Stelle? Gott hat in unseren Kirchen immer wieder prophetische Gestalten erweckt: Ita Ford, die *Maryknoll*-Schwester, die in El Salvador in Solidarität mit den Armen lebte und von den Todesschwadronen ermordet wurde; Oscar Romero, der das Recht der Armen verteidigte und ebenfalls erschossen wurde; Franz Jägerstätter und Martin Luther King; Diedrich Bonhoeffer und Dorothy Day. Aber ich denke nicht nur an einzelne große Figuren; ich denke an die charismatischen Gruppen in unserer Kirche: die feministischen

Gruppen, die Friedensgruppen; die Dominikaner, die vor den Banken in Frankfurt das Recht der Armen einklagen; die Taize-Gruppen, die eine neue Spiritualität versuchen. Sie schaufeln dem Geist einen Weg in den Kirchen von unten nach oben. Auch im Protestantismus denkt man ja oft römisch, d.h. von oben nach unten, und man erwartet die Ämter als die besondere Quelle des Geistes. Man erwartet ihn von den Bischöfen und den Kirchenleitungen. Kirchenleitende Institutionen aber sind eher an Bewahrung und Harmonie interessiert als an Aufbrüchen und Veränderungen; ohne Bosheit gesagt: es sind eher Instanzen des Mittelmaßes, indem sie rechts etwas vom Ungeist wegschneiden und links vom heiligen Geist. Daraus ist ihnen kein Vorwurf zu machen. Falsch ist es, und Entmutigung ruft es hervor, wenn man anderes und mehr von ihnen erwartet. Es gibt nicht nur autoritäres Gebaren von leitenden Institutionen; autoritär ist vor allem die Autoritätssüchtigkeit und sind die falschen Erwartungen an das überforderte Amt. Ernst Lange unterscheidet zwei Grundstrategien kirchlichen Handelns, die „Vorwärtsstrategien" und die „Bestandswahrungsstrategien". Leitungsgremien verfolgen in der Regel Bestandswahrungsstrategien. Ihr Charisma ist das Pochen auf Konsens und Kontinuität. Dagegen ist nichts zu sagen, wenn die Leitungen die Beschränktheit des eigenen Charismas erkennen. Die Kirchen als Großinstitutionen sind wie alle solche Institutionen Gebilde mit einem verspäteten Bewusstsein. Ein Satz von Georg Christoph Lichtenberg:

> „Die vernünftigen Freigeister sind leichte fliegende Korps, immer voraus und die die Gegenden rekognoszieren, wohin das gravitätische geschlossene Korps der Orthodoxen am Ende doch auch kommt."

Wie kommen Wahrheiten in der Kirche zustande, und wie findet der Geist seinen Ort? Ein Weg der Wahrheit sind die prophetischen Charismen der Gruppen, die in der Kirche hart aufeinander stoßen und miteinander reden und streiten. Menschen lernen im Konflikt, sie lernen am „Widerstand fremder Erfahrungen" (E. Lange). Die Gruppen in der Kirche sind die eigentlichen Protestanten. Sie profilieren sich durch Trennung vom allgemeinen Konsens. Das ist nicht unerlaubt, sofern sie die Trennung selber nicht schon für den Geist halten. Ihr klares Profil ist das Charisma für die Gesamtkirche und für die anderen Gruppen. Ihr klares Profil polarisiert, und so werden die Wahrheiten in den verschiedenen Nestern der Kirche vergleichbar. Die Wahrheit ist ein Gespräch, und im Gespräch und in der Reibung der Gruppen wird sie geboren. Ich habe die Auseinandersetzung vor Augen, die die Befreiungsgruppen um Ernesto Cardenal und die Friedensgruppen um Daniel Berrigan führten. Cardenal hat zu Zeiten des Diktators Somoza in Nicaragua zum bewaffneten Kampf aufgerufen. Berrigan lehnte die Gewalt strikt ab und hat Cardenal scharf angegriffen. Dieser sagte in einem Gespräch: „Berrigan hat Unrecht. Aber auch wenn er im Unrecht ist, brauche ich seinen Einspruch. Meine Stimme allein ist zu gefährlich, wenn sie keinen Widerspruch erhält." Die Wahrheit ist ein Gespräch! Die Wahrheit der Großkirche für morgen fängt in den Gruppen von heute an.

Gruppen können auf eine Weise kompromisslos zu sein, wie es die Großinstitutionen nicht können. Die Großkirche hat es mit Menschen der verschiedensten Herkünfte, Interessen und Optionen zu tun. Wenn die Großkirche politisch gestaltungsfähig bleiben will, muss sie fähig sein, Kompromisse zu schließen, ob uns das recht ist oder nicht. Kompromisse sind schmerzliche und nützliche Versuche, zum Wohl von vielen zu handeln. Ein Satz von Jens-Christian Rabe: „Unter der Bedingung der Unvermeidlichkeit von Kompromissen heißt Demokrat sein heute vor allem, verlieren zu lernen." (SZ 16.2.012) Der Kompromiss ist aber nicht die Wahrheit, höchstens ein Teil der Wahrheit. So muss es Orte geben, an denen Menschen eine gründlichere Wahrheit vertreten, eine wahrere Wahrheit. Solche Orte sind die vorpreschenden Gruppen, die Kompromisse vielleicht zähneknirschend ertragen, aber die Wahrheit nicht aus dem Auge verlieren.

Von solchen Gruppen wünsche ich, dass sie Gruppen in der Kirche sind. Die Gefahr der kleinen und entschiedenen Gruppen ist, zur Erhaltung der eigenen Reinheit und Konsequenz bei sich selber zu bleiben und nur noch Brot für sich selber zu sein. Es gibt die andere Gefahr, die Höhe des Konflikts mit der Großkirche zum Maßstab der eigenen Güte zu machen. Die Gefahren der Großkirche und ihrer Amtsträger sind ihr Harmonismus, die unerlaubte Versöhnung und die Kontinuitätszwänge.

Die Gefahr der Gruppen ist die Lust daran, sich durch den Konflikt selber zu definieren. Damit kann der Konflikt selber zum Ziel werden. Er ist nicht mehr notwendiger Weg. Eine Gruppe, die nur die eigene Reinheit im Auge hat, ist uninteressant und mag sterben.

Die Qualität einer Gruppe entscheidet sich daran, dass sie das Verhältnis zur Großkirche will und beibehält. Die Qualität der Großkirche entscheidet sich daran, dass sie die Gruppen duldet und wünscht, auch wenn diese sie noch so oft in Verlegenheit bringen. Die charismatisch-prophetischen Gruppen sind die Läuse im Pelz der Großkirche. Oft kann die Gesamtkirche noch nicht denken, was die Gruppen denken. Sie kann noch nicht handeln, wie die Gruppen es schon können. Aber sie könnte sie zulassen, und sie könnte ertragen, dass einige das „deutliche Zeichen" innerhalb des Christentums setzen. Sie könnte den Gruppen ihr Recht geben, auch ihr Recht auf Irrtum. Die Wahrheit kommt fast nie auf geraden Wegen daher. Sie macht Umwege, sie probiert und verwirft Wege; sie ruiniert alte Häuser, ehe die neuen schon bezugsfertig sind. Damit müsste die Großkirche rechnen. Das heißt nicht, dass sie in liberalistischer Geduld alles hinnimmt, was die Gruppen denken und anstellen. So käme der Geist nicht voran. Die Großkirche muss mit den Gruppen rechten; sie darf die Gruppen nicht in Ruhe lassen, wie die Gruppen die Großkirche nicht in Ruhe lassen. Es gibt viele Situationen, in denen man sich gegenseitig Schmerzen zufügen muss, damit der Geist nicht ausgelöscht werde. Auch die Propheten und die prophetischen Gruppen haben ihre Macken und man muss ihnen einige gute Ratschläge geben:

Prophetin, sei genau in der Beschreibung des Unglücks. Ergötze dich nicht am Panorama des Untergangs, wie es manchmal deine Art ist.

Prophet, sei kein Streithansel und glaube nicht, dass Du jederzeit im Recht bist, nur weil Du die richtige Sache vertrittst!

Prophetin, halte Dich selber für irrtumsfähig und Deine Geschwister für wahrheitsfähig!

Prophet, sage Deine Wahrheit so, dass sie Kritik und Trost in einem ist!

Prophetin, sage Deine Wahrheit so, dass sie eine Verlockung zur Lebensschönheit ist. In Deinem prophetischen Nein muss das Ja Gottes auftauchen. Halte Dich an den Satz von Helder Camara: „Herr, lehre mich ein Nein sagen, dass nach Ja schmeckt!" Prophet, denke daran, dass Deine Wahrheit nicht zu Deinem eigenen Schmuck gedacht ist! Es ist die Wahrheit für die Kirche.

Wann sind die Propheten erwachsen und nicht nur kindisch-verbockt? Ich nenne einige Momente eines solchen Erwachsenseins. Erwachsensein heißt, sich der eigenen Endlichkeit bewusst zu sein; darauf zu verzichten, einsamer Meister zu sein. Erwachsensein heißt, bündnisfähig zu sein. Das heißt die Fähigkeit, nicht auf sich allein zu bestehen, sondern sich mit anderen Gruppen, Lebensperspektiven und Ideen zu verbinden, die weiter gehen als der eigene Horizont. Wenn man gruppenfähig ist, muss man nicht der völlige Autor der eigene Welt sein; man braucht nicht auf sich allein zu bestehen, allein auf der eigenen Weisheit und der eigenen kümmerlichen Lebenshoffnung.

Erwachsensein heißt, der Solidarität fähig zu sein. Es heißt von sich selber absehen zu können und mehr zu wollen als sich selber. Die Versessenheit auf sich selber, die Jagd nach sich selbst und das Genügen in sich verhindern die generativen Fähigkeiten des Menschen. Sie verhindern die Väterlichkeit und die Mütterlichkeit der Welt gegenüber. Das Unglück, sich selber nicht lieben zu dürfen, darf nicht abgelöst werden durch das Unglück, nur sich selber lieben zu können.

Erwachsensein heißt, der Unbehaustheit fähig zu sein; nicht völlig identisch sein zu müssen mit der Gruppe, zu der man gehört; mit dem Land, das man Vaterland nennt, und mit der eigenen Kirche. Fremd sein zu können in der eigenen Gruppe, ist ein Moment der Gruppenfähigkeit. Vielleicht ist es gerade die Sehnsucht nach Lebensganzheit, die uns nirgendwo ganz zuhause sein lässt. Die Heimat spielt sich in vielen Heimaten ab, darum kann man mit einer nie ganz zufrieden sein. Und so wird wohl auch die eigene Gruppe Heimat und Fremde zugleich sein.

Das Beispiel einer Agentengruppe: Das Politische Nachtgebet in Köln

Das *Politische Nachtgebet* war einer der Versuche, in einem Gottesdienst gesellschaftliche Zustände vor dem Horizont christlicher Tradition zu bedenken.

Wie kam es zu jenen Gottesdiensten, die Ende der 1960er Jahre erstaunliche Besucherzahlen aufwiesen und die zugleich von Bischöfen und Kirchenleitungen als Ketzerei und Götzendienst bezeichnet wurden? Meine verstorbene Frau Dorothee Sölle und ich selbst gehörten damals zu den Initiatoren jener Veranstaltungen, und so werde ich ihre Geschichte nicht ohne Zorn und Zärtlichkeit beschreiben.

Was war der Anfang? In Köln trafen sich katholische und Evangelische Christen in einem privaten Kreis, die zunächst innertheologische Themen besprachen, diese aber nicht in einem abstrakten Geplänkel, sondern immer schon in kirchenreformerischen Absicht. Sie wollte nicht nur eine neue Theologie, sie wollten eine neue Kirche und eine andere Gesellschaft. Am Thema Frieden erkannten sie die Verflochtenheit von Religion und gesellschaftlichen Gegebenheiten. Der Krieg und die Bombardements der Amerikaner in Vietnam waren zunächst der zentrale Punkt der politischen Aufmerksamkeit. Im Dezember 1967 regen Mitglieder dieser Gruppe ein politisches Gespräch über den Vietnamkrieg in einer katholischen Kirche im Anschluss an einen Gottesdienst an, und es kommt zu einem ersten Konflikt. Das Generalvikariat erhebt Einspruch gegen eine Diskussion in der Kirche. Sie findet daher nach dem Gottesdienst bei klirrender Kälte vor der Kirche statt. Die Presse wird zum ersten Mal aufmerksam auf diese Gruppe. Es bildet sich ein fester Arbeitskreis Vietnam, seine Ziele: Humanitäre Hilfe für die vom Krieg betroffenen Menschen. Zu den Protestaktionen gehörten Aufrufe an die Bundestagsabgeordneten, Briefe an die Bischofskonferenz. Für die Weihnachts- und Ostergottesdienste bietet der „ökumenische Arbeitskreis" allen evangelischen und katholischen Pfarrern in Köln einen kritischen Text zum Vietnamkrieg an. Am Karfreitag 1968 veranstaltete die Gruppe einen öffentlichen Gottesdienst auf dem Neumarkt in Köln und einen Schweigemarsch mit einem großen Transparent: „Vietnam ist Golgotha!".

Im September 1968 fand der Katholikentag in Essen statt. Der Ökumenische Arbeitskreis trat dort in einem Gottesdienst auf mit Informationen und Meditationen zu den politischen Gewaltaktionen in der damaligen CSSR durch die Sowjetunion, in der Dominikanischen Republik und in Vietnam durch die USA. Die Leitung des Katholikentags hatte diesen

Gottesdienst auf eine späte Stunde gelegt, auf 11:30 Uhr in der Nacht. So nannten wir diese Veranstaltung ironisch „Politisches Nachtgebet". Der Name ist geblieben, und er wurde zu einem Markenzeichen.

Nach dem Katholikentag, am 1.10.1968 wollten wir dieses Politische Nachtgebet in einer Kölner katholischen Kirche wiederholen. Doch Kardinal Frings untersagte den Gottesdienst. Wir fanden dann Gastfreundschaft in der evangelischen Antoniterkirche, einer Kölner Innenstadtkirche. Zunächst erkläre ich die Idee, die Struktur und den Ablauf jenes Gottesdienstes.

Zur theologischen Idee der Politischen Nachtgebete: Diese waren nicht als Ersatz der herkömmlichen Gottesdienste gedacht. Wir hatten am Anfang jener Arbeit nicht die Absicht, den Gottesdienst zu reformieren. Wir hatten eigentlich zunächst die Nachtgebete nicht als Gottesdienste im Blick. Wir wollten nur, dass am Ort der Heimat der christlichen Sprache, in der Kirche also, genannt wird, was zum Kern des Christentums gehört, das Gedächtnis der Leiden und das Gedächtnis der eigenen Schuld und Verantwortung. Erst als die Gegner der Nachtgebete bestritten, dies sei ein Gottesdienst, haben wir darauf bestanden, es Gottesdienst zu nennen. Natürlich hatte man auch bisher in den der Kirche der Leiden und der eigenen Schuld gedacht. Aber es war immer nur die individuelle Schuld und das individuelle Leiden, das zur Sprache kam. Ob die Politischen Nachtgebete Gottesdienste waren oder nicht, war also nicht unsere Hauptsorge. Unser Wunsch war, unsere Verantwortung und die Leiden der Gesellschaft am heimischen Ort und in heimischer Sprache zu bedenken, also in einer Kirche und mit der Muttersprache der christlichen Tradition. Dies wollten uns nicht nur konservative Christen und Kirchenleitungen verwehren, auch unsere linken Freunde fanden gelegentlich den Umweg über das Christentum und seine Sprache, den Umweg über die Kirche und ihre Räume überflüssig.

Wir hatten uns keine großen Gedanken über die Struktur dieser Nachtgebete gemacht, aber schon im ersten Nachtgebet ergab sich eine feste Form. Wir begannen mit Informationen zu dem politischen Thema, das zu verhandeln war. In dem ersten Nachtgebet also riefen wir die Umstände der Besetzung der CSSR durch die Sowjetunion in Erinnerung, aber auch die Geschichte des Einfalls der USA in Vietnam.

Die Information bezeichneten wir als den ersten Schritt des Gebets. Das zweite Moment war die Meditation. Auf die politisch-analytischen Texte folgten oder in sie eingeschoben waren Bibeltexte, Gebete, Lieder und oft auch eine herkömmliche Predigt. Es ist übrigens erstaunlich, wie konventionell die Lieder waren, die im Nachtgebet gesungen wurde. Es gab einen Hit, der immer wieder vorkam, das Lied „Sonne der Gerechtigkeit". Ein Beispiel eines solchen meditativen Elements ist die Umdichtung des Glaubensbekenntnisses von Dorothee Sölle aus dem ersten Nachtgebet. Es sei zitiert, weil es den größten Widerspruch der Kirchenleitungen hervorgerufen hat.

„Ich glaube an Gott
Der die Welt nicht fertig geschaffen hat
Wie ein Ding das immer so bleiben muss
Der nicht nach ewigen Gesetzen regiert
Die unabänderlich gelten
Nicht nach natürlichen Ordnungen
Von Armen und Reichen
Sachverständigen und Uninformierten
Herrschenden und Ausgelieferten
Ich glaube an Gott
Der den Widerspruch des Lebendigen will
Und die Veränderung aller Zustände
Durch unsere Arbeit
Durch unsere Politik

Ich glaube an Jesus Christus
Der recht hatte, als er 'ein einzelner, der nichts machen kann'
Genau wie wir
An der Veränderung alle Zustände arbeitete
Und darüber zugrunde ging
An ihm messend erkenne ich
Wie unsere Intelligenz verkrüppelt
Unsere Phantasie erstickt
Unsere Anstrengung vertan ist
Weil wir nicht leben wie er lebte
Jeden Tag habe ich Angst
Dass er umsonst gestorben ist
Weil er in unseren Kirchen verscharrt ist

Weil wir seine Revolution verraten haben
In Gehorsam und Angst vor den Behörden

Ich glaube an Jesus Christus
Der aufersteht in unser Leben
Dass wir frei werden
Von Vorurteilen und Anmaßung
Von Angst und Hass
Und seine Revolution weitertreiben
Auf sein Reich hin

Ich glaube an den Geist
Der mit Jesus in die Welt gekommen ist
An die Gemeinschaft aller Völker
Und unsere Verantwortung für das
Was aus unserer Erde wird
Ein Tal voll Jammer Hunger und Gewalt
Oder die Stadt Gottes

Ich glaube an den gerechten Frieden
Der herstellbar ist
An die Möglichkeit eines sinnvollen Lebens
Für alle Menschen
An die Zukunft dieser Welt Gottes Amen"

Dieses Glaubensbekenntnis fand eine unglaubliche Verbreitung. Einmal ist es zur Begeisterung von Dorothee Sölle in spanischer Übersetzung zu ihr zurückgelangt mit der Unterschrift: Glaubensbekenntnis einer lateinamerikanischen Basiskirche.

Die Kirchenleitungen haben fast immer zensorenhaft und wahrheitsverwaltungsmäßig auf die theologischen Texte des Nachtgebets reagiert. Sie haben in einer Art Vollständigkeitswahn gefragt: enthalten dieses Glaubensbekenntnis oder entsprechende Texte alles, was über den Gegenstand zu sagen ist? Sagen sie es so, wie es immer gesagt wurde? Sie haben vergessen, dass, wer in Wörtlichkeiten verfangen ist und die Überlieferungen nur zitiert, damit noch nicht den Geist dieser Überlieferungen trifft. Sie haben den Texten dieser Nachtgebete mehr Ernsthaftigkeit und Endgültigkeit zugeschrieben als die Texter selber beabsichtigten und beanspruchten. Es waren Gelegenheitstexte, unvollkommen, auf die

Situation hin gesprochen, ohne Anspruch auf Allgemeingültigkeit, die meisten von ihnen sehr schön und stark. Ausgewogenheit und Perfektion war nie das Ziel des Nachgebets. Seine Gegner haben die Texte immer ernster genommen, als die Nachtbeter sie gedacht haben. Insofern war der Ruf der Nachtgebete auch ein Konstrukt ihrer Gegner.

Information und Meditation waren also die ersten beiden Elemente der Politischen Nachtgebete. Ein anderer unaufgebbarer Punkt war die Diskussion der Besucher über die verhandelten Themen. Die Idee der Nachtbeter: Autoritär ist die Situation, und Lernen ist kaum möglich, wenn Informationen von einigen aufbereitet und vorgetragen werden, die Teilnehmenden aber nur stumme Rezipienten sind. So ließen wir keines der Nachtgebete ohne ausreichenden Platz für Gespräche, Einwände, Angriffe auf die vorgetragenen Texte. Peter Cornehl, der grimmige Freund der Nachtgebete, findet die Diskussion in den Nachtgebeten wenig geglückt und kritisiert, die Nachtgebete seien nicht mehr als Einbahnkommunikationen gewesen. Er hat wohl Recht, aber es lag nicht nur an den Nachtbetern. In einer überfüllten mittelalterlichen Hallenkirche mit starrer Sitzordnung zu diskutieren ist schwer möglich. Die Interessen und die Ausgangslage der Besucher waren außerordentlich verschieden, und es war nicht leicht eine Basis für Gespräch und Verständigung herzustellen. So kam es manchmal zu richtigen Redeschlachten. Vielleicht waren auch unsere Texte zu rund und perfekt. Wir versuchten, Überzeugungen zu vermitteln und sie weniger im Gespräch zu erarbeiten. Und trotzdem: Bis heute sagen die, die diese Nachgebete erlebt haben, wie erleichternd es für sie war, endlich in einer Kirche den Mund aufmachen zu können; endlich als Subjekte mit Sprache und eigenen Argumenten ernst genommen zu sein. Es war ein Anfang, die Wahrheit gemeinsam zu entdecken. Die Fehler des Anfangs machen diesen nicht falsch. Es gibt Fehlerlosigkeiten, die nichts anderes sind als Geistlosigkeit.

Das vierte Element des Nachtgebets waren die Aktionsvorschläge. Die Idee: Wenn Informationen geboten und Analysen gemacht werden, die die Möglichkeit des Handelns nicht mitbedenken, lähmen sie. Darum versuchte die Nachtgebetsgruppe zu den Themen der jeweiligen Gottesdienste Felder aufzuzeigen, auf denen man weiterarbeiten konnte. So bildete sich z.B. nach dem Nachtgebet zum Strafvollzug in Deutschland eine Gruppe, die im Siegburger Gefängnis mitarbeitete. Zum Nachtgebet über Obdachlosigkeit fanden sich Menschen, die eine Schularbeitshilfe in Übergangsheimen aufbauten. Es gab ein Nachtgebet mit dem Titel „Indonesien. Massenmord im Paradies". Aus ihm ging eine Gruppe hervor, die politische Gefangene und deren Familien im Zusammenhang mit *Amnesty International* betreute. Dies ist einer der Erfolge des Nachtgebets: Es bildeten sich Gruppen und Aktionskreise, die sich eines Themas annahmen und die dann unabhängig von der Nachtgebetsgruppe arbeiteten. Vielleicht war der wichtigste Erfolg dieser Nachtgebete, dass sie Nachtgebete kreierten. Die Texte der Nachtgebete wurden an über 2000 Adressaten verschickt. Sie regten zu ähnlichen Veranstaltungen in vielen anderen Städten an, und so entstanden Nachtgebete in Rheinhausen, in Bern, in Zürich, in Berlin, sogar bis Australien hat sich ein „political nightprayer" verirrt. Und die Geschichte ist nicht abgeschlossen. Im letzten Jahr noch gab es in Moers und Duisburg Nachtgebete zur barbarischen Behandlung von Arbeitern und Arbeiterinnen bei der Verkaufskette Lidl. Übrigens halten sich auch diese neuen Nachgebete an das Schema Information, Meditation, Diskussion und Aktion.

Ich gehe auf die Konflikte um das Politische Nachtgebet ein. Die katholischen und die evangelischen Kirchenleitungen waren in gleicher Weise dagegen, aber aus unterschiedlichen Gründen. Bei beiden galt der dem Glaubensbekenntnis nachgebildete Text von Dorothee Sölle als theologische Verirrung. Bei Kardinal Frings, der harsch und autoritär die erste Veranstaltung verboten hat, waren es aber auch politische Gründe. Der rheinische Katholizismus war eng verflochten mit der Adenauer-CDU, so waren die politischen Konflikte unausweichlich. Ein bedenkenswerter Einwand kam von der evangelischen Kirchenleitung des Rheinlands. Präses Beckmann und einige Oberkirchenräte kamen aus der Bekennenden Kirche, also aus jenem Teil der evangelischen Kirche aus der Nazizeit, der am wenigsten korrupt war. Sie sahen in dem Nachtgebet die alte Gefährdung der Gottesdienste und der Kirche durch politische Ideologien. Beckmann verstieg sich zu der Behauptung, die Deutschen Christen der NS-Zeit seien im Vergleich zum Nachtgebet eine ganz harmlose Gruppe gewesen, und er beglückwünschte Kardinal Frings, dass dieser in der Lage sei, das Nachtgebet einfach zu verbieten.

Mir tut es bis heute leid, dass wir diese Männer aus der Bekennenden Kirche, deren Anliegen man verstehen kann, nicht überzeugen konnten. Sie haben es uns allerdings mit dem dümmlichen Vergleich von Deutschen Christen und Nachtbetern nicht leicht gemacht.

Das Politische Nachtgebet war ein gelungener und irrtumsreicher Versuch. Was waren unsere Fehler? Ich nenne zuerst das Viel-Feind-viel-Ehr-Denken. Wo wir am meisten angegriffen wurden, fühlten wir uns am meisten im Recht. Und so entstand eine selbstzweckhafte Feindseligkeit, die die Gruppe zwar geeint hat, oft aber auf Kosten der Wahrheit. Wir waren jung, und das Messerwetzen hat gelegentlich auch Spaß gemacht. Wir haben versäumt, Bündnisse zu schließen. Es gibt notwendige Feindschaften, und es gibt falsche Versöhnungen. Aber es gibt auch falsche Feindschaften, in denen man sich mit Lust erschöpfen kann. Man müsste, wie ich es eben schon sagte, die Tugend lernen, sich für wahrheitsfähig und für irrtumsfähig zu halten; die Tugend, den Gegner für wahrheitsfähig und für irrtumsfähig zu halten. Vielleicht bremst dies die „Kampfkraft", aber es reinigt sie auch.

Bedenklich war sodann die Auffassung, dass die Radikalsten unter uns am ehesten Recht hätten. So überboten wir uns in der Lust an der Beschreibung des Unglücks. Die Gefahr war, Panoramen des Verfalls zu beschreiben, an denen man eigentlich nicht mehr arbeiten konnte. Die Gefahr war, das Unglück widerspruchsfrei zu beschreiben. Aber man kann nur an Widersprüchen arbeiten, und man kann nur Hoffnung finden, wo man sich die Mühe macht, die Möglichkeiten des Gelingens wahrzunehmen, und seien sie noch so gering. Der Verfall lässt sich leichter beschreiben. Aber es gibt gelegentlich auch den schwarzen Kitsch, der einem die Luft zum Atmen und zum Arbeiten nimmt. Genau sein in der Beschreibung des Unglücks ist eine Tugend, mit der man der Selbstlähmung entgeht. Ein Satz eines klugen Menschen hat uns im Nachtgebet nachdenklich gemacht. Er hat uns gefragt: Seid ihr fähig, eure Botschaft so zu sagen, dass sie zugleich Kritik und Trost ist? Oder mit Helder Camara: „Lehre mich ein Nein zu sagen, das nach Ja schmeckt."

Es gab ein besonderes Problem der Nachtgebete, ich nenne es den Reiz der Praxis, die wir bei anderen Gruppen sahen. Wir selber waren eine analytisch und theoretisch arbeitende Gruppe. Wir analysierten

Themen, wir erstellten Texte, wir hielten die Nachtgebete. So faszinierten uns Gruppen, die unmittelbar praktisch arbeiteten – mit Obdachlosen, im Gefängnis, mit drogenabhängigen Jugendlichen. Sie machten uns ein schlechtes Gewissen. Sie taten etwas, während wir schrieben und redeten. Mit Symbolen arbeitende Menschen haben ja oft ein schlechtes Gewissen vor denen, die in unmittelbarer Praxis arbeiten. So also stiegen auch wir ein in die Arbeit mit obdachlosen Jugendlichen. Wir überforderten uns, entwichtigten unsere eigene Arbeit und verfielen einem gewissen Allmachtswahn, wie Peter Cornehl uns vorwarf. Allseitigkeitswahn vielleicht auch in einer anderen Hinsicht: Alles wurde uns Thema – Vietnam, Diskriminierung, Strafvollzug, Entwicklungshilfe, Stadtplanung und anderes. Wir erkannten einerseits richtig, wie all diese Themen zusammenhängen, andererseits aber bedrohte uns deren Globalität. Wir verloren das Gefühl für unsere eigene Endlichkeit.

Diese Selbstkritik aber ist nicht das Fazit des Nachtgebets. Es war ein gelungener Versuch. Dass uns auch einige Irrtümer gelungen sind, schmälert seine Qualität nicht. Die Nachtgebete haben in der kirchlichen Landschaft einiges verändert. Es hat auch uns, die Nachtbeter verändert. Wir fanden zusammen Themen, an denen sich zu arbeiten lohnte. Wir wurden darüber gesünder und passionierter. Unsere Arbeitsfähigkeit wuchs. Menschen, die sich am Anfang wenig zutrauten, sammelten Informationen, formulierten Texte und sprachen öffentlich. Der Zorn wuchs, und die depressive Gleichgültigkeit verging. Wir wurden fähig, Brüche zu vollziehen – Brüche mit alten religiösen und politischen Vorstellungen. Viele Fragen wurden uns unwichtig durch die Entdeckung von wichtigen Themen. Wir fanden die wichtigen Streitgegenstände und verloren die unwichtigen. Bestimmte kindische Fragen, die wir am Anfang noch hatten, z.B. ob Katholiken und Protestanten zusammen das Abendmahl nehmen dürfen, wurden nie gelöst. Sie verblassten einfach vor den eigentlichen Fragen, auf die die Gruppe stieß. Die Kraft der Lebensoption, die Moralität und Ernsthaftigkeit heilten uns. Man braucht nicht darüber zu reden, dass es eine Erkrankung der Menschen durch puren Moralismus gibt, der sie nie zu sich selber kommen lässt. Heute aber erscheint viel gefährlicher und verbreiteter die Erkrankung an der Optionslosigkeit und damit an der Amoralität.

Und zum Schluss: Warum sollen die Linken fromm sein und die Frommen links?

Auf diese Frage antworte ich mit drei Gegenfragen. Die erste: Wie finden Menschen die richtige Lesart des Evangeliums? Wie lernen sie, dass die Armen seine ersten Adressaten sind? Es gibt in der Theologie so viel Rhetorik ohne Erkenntnis, und es ist nicht selbstverständlich, die Augen Christi in den Augen der hungernden Kinder, der vergewaltigten Frauen und der gefolterten Männer zu lesen. Man muss ein gebildetes Herz haben, um Gott in den Gestalten des Elends zu erkennen. Das ist nicht nur eine Frage der Moral. Eine Moral, die sich auf nichts anderes berufen kann als auf sich selber, bleibt kurzatmig. Wie lerne ich Empörung und Zorn? Wie lerne ich das Augenlicht der Blinden und den aufrechten Gang der Lahmen zu vermissen? Das ist eine Frage der Spiritualität und der Frömmigkeit.

Die zweite Frage: Wie mache ich mich langfristig in der Leidenschaft für das Recht? Man konnte in den letzten Jahrzehnten so viele Linke ermatten sehen. Man konnte sehen, wie sie sich in der psychologischen Selbstpflege erschöpften. Wie esse ich die Texte und mit ihnen den Geist unserer Tradition; wie atme ich im Gebet den Geist Christi, dass Gotteserkenntnis und Barmherzigkeit nicht mehr feindliche Geschwister bleiben. Wie arbeiten wir, ohne die Hoffnung zu verlieren. Das ist eine Frage der Spiritualität und der Frömmigkeit.

Die dritte Frage: wie behalten wir über unserer Arbeit den Humor mit unserer eigenen Endlichkeit? Wer an der Gerechtigkeit arbeitet, hat eine fast unendliche Idee: dass das Recht wie Wasser fließen soll; dass niemand Beute eines anderen werde. Aber er ist ein endlicher Mensch. Wie können diese Menschen in kleinen Schritten gehen und den großen Gedanken nicht verlieren oder nicht zugunsten des großen Gedankens in Gewalt gegen sich selber oder gegen andere verfallen? Wie behalten sie die Distanz zu sich selber und lernen den Satz zu sprechen:

„Geschlagen ziehen wir nach Haus, [...]
die Enkel fechten's besser aus [...]!"

Nur wenn man eine Herkunft hat, kann man eine Zukunft denken, die nicht nur aus uns selbst besteht, sondern aus der Kraft von allen;

aus der Kraft unserer Toten und der Kraft unserer Enkel. Wir bauen an der Zukunft, aber die Zukunft besteht nicht nur aus uns und unseren Kräften. Ich erinnere mich an eine wundervolle Begebenheit mit Daniel Berrigan, dem Friedensaktivisten, der wegen seiner Friedensarbeit in den USA lange im Gefängnis war. Einmal hat er uns besucht nach einer solchen Gefängniszeit. Er war müde und abgespannt und wollte bei uns lesen, Musik hören, beten und mit uns ins Theater gehen. Es kam ein Anruf aus einem Friedenscamp, wo viele junge Leute zusammen waren. „Daniel muss sofort kommen!", sagte der Leiter des Camps. „Hier hat er sein Publikum und hier ist er unentbehrlich!" Berrigan verweigerte sich und sagte: „Jetzt will ich Wein trinken und beten. Wenn die Sache an mir allein liegt, ist sie sowieso schon verloren." Mir hat die Ruhe dieses unruhigen Herzens imponiert. Er konnte ohne Verzweiflung arbeiten, und er kannte seine eigene Endlichkeit. Wenn das nicht Frömmigkeit ist und eine Spiritualität, wie wir sie brauchen!

Warum sollen die Linken fromm sein? Jetzt eine Antwort, die überhaupt nicht auf die Effizienz und die Verzweckung von Frömmigkeit schielt: Es ist schön zu loben, zu beten und zu singen; die Lieder der Toten und der lebenden Geschwister zu singen und sich in ihre Lebensvisionen zu vertiefen. Es ist schön! Als die Christen für den Sozialismus sich vor vielen Jahren einmal zu einer Wochenendtagung in Berlin trafen, machten einige der Teilnehmenden den Vorschlag, am Sonntag einen Gottesdienst zu feiern. Über diesen Vorschlag wurde gestritten, und einige fragten skeptisch nach der Funktion dieses Gottesdienstes im Progress der Befreiung. Der alte Gollwitzer hörte sich diese Diskussion bekümmert an und sagte dann: „Ich will den Gottesdienst, weil es schön ist, mit euch zu beten und zu singen." Diesem entwaffnenden Argument, das eigentlich kein Argument war, konnte sich niemand entziehen.

In einer Situation der Schwäche der christlichen Linken sind die klaren Worte von Papst Franziskus zum real existierenden Kapitalismus, seine Unterstützung der sozialen Bewegungen und sein Glaube an die Notwendigkeit eines grundlegenden Wandels, eines Bruchs mit dem bestehenden kapitalistischen System eine große Hilfe. Ernst zu nehmende Versuche, am notwendigen Aufbau von Bündnissen von ChristInnen mit sozialen Bewegungen waren und sind die Initiativen um die Konziliare Versammlung 2012 und den Katakombenpakt sowie die Gruppen im Kontext der ökumenischen Versammlung 2013. Wo erinnert wird an vergangene Hoffnungen, an schon einmal greifbar gewesene Möglichkeiten, kann auch in einer Situation der Schwäche mit sehr praktischen Folgen der Mut zum Neubeginn entstehen: etwa in Gestalt aktiver Mitarbeit am Aufbau einer anderen Kirche in einer anderen Welt – einer Kirche, die sich als Nachfolgegemeinschaft Jesu ernst nimmt, die aktive Teilnahme an den sozialen und politischen Kämpfen als biblischen, christlichen Auftrag versteht, die sich einmischt und interveniert, die sich als Volk Gottes im Zugehen auf die Verwirklichung seines Reiches versteht und dies in ihrer Praxis umsetzt.

Philipp Geitzhaus & Julia Lis

Kirche(n) in (sozialer) Bewegung
Der Papst, die Kirche der Armen und Perspektiven für eine Theologie der Befreiung in Europa

Wer über Befreiungstheologie heute nachdenken will, gar über eine Befreiungstheologie in und für Europa, wird nicht umhin kommen, zunächst einmal zu konstatieren, dass dies aus einer Situation der Schwäche heraus passiert. Linkes Christentum ist in den europäischen Gesellschaften und in den Kirchen eine marginale Erscheinung: Nur selten gelingt es aus dieser Position heraus, Themen zu setzen und Diskurse zu prägen. Zugleich lässt sich allerdings gerade in jüngster Zeit auch eine neue

Konjunktur für gesellschaftliche und politische Themen beobachten. Ja, sogar die Befreiungstheologie erlangt in diesen Zusammenhängen wieder eine gewisse Prominenz. Hauptsächlich hängt dies wohl mit Papst Franziskus zusammen – dem derzeit bekanntesten Kapitalismuskritiker weltweit. Bemerkenswert ist dabei nicht nur die Tatsache, dass dieser Papst die kapitalistische Wirtschaftsordnung und ihre globalen Konsequenzen in scharfen Worten verurteilt, sondern auch die Form, in der er das tut: im Dialog, nicht nur mit den Regierenden und den Machthabern, sondern auch mit den VertreterInnen der sozialen Bewegungen und aus der Überzeugung heraus, dass ein Wandel von Grund auf nur von unten geschehen kann – in Kirche wie in Gesellschaft.

Der Papst und die sozialen Bewegungen

So traf sich Papst Franziskus im Juli 2015 bereits zum zweiten Mal mit VertreterInnen sozialer Bewegungen, um mit ihnen über die Lage der Welt und der Bewegungen, über Hoffnungen, Ziele und Schwierigkeiten zu sprechen. Seit den radikalen kapitalismuskritischen Passagen von *Evangelii Gaudium* wie „diese Wirtschaft tötet" und „die Ungleichverteilung der Einkünfte ist die Wurzel der sozialen Übel" hoffen viele engagierte ChristInnen und Linke, dass diese deutliche Sprache nicht früher oder später durch eine „realpolitische Pragmatik" oder gar eine reaktionäre Kehrtwende ersetzt wird. Doch mit der jüngsten Rede des Papstes an die sozialen Bewegungen wurde stattdessen die Kapitalismuskritik sogar noch zugespitzt:

> „Die Erde, die Völker und die einzelnen Menschen" so Papst Franziskus, „werden auf fast barbarische Weise gezüchtigt. Und hinter so viel Schmerz, so viel Tod und Zerstörung riecht man den Gestank dessen, was Basilius von Cäsarea, einer der ersten Theologen der Kirche, den 'Mist des Teufels' nannte. Das hemmungslose Streben nach Geld, das regiert, das ist der 'Mist des Teufels'."[1]

Angesichts dieser Situation fordert er eine Veränderung der Strukturen der ausschließenden Globalisierung. Träger dieser Veränderungen sind in den Augen des Papstes vor allem die sozialen Bewegungen.

---

1 Papst Franziskus 2015, http://www.itpol.de/?p=1804, letzter Aufruf: 7.9.2015.

Doch neben diesen klaren Worten diente dieses Treffen insbesondere der Solidaritätsbekundung eines Papstes mit den „Volksbewegungen" und genau damit hat Papst Franziskus eine „historische Wende" im Verhältnis von Kirche und Bewegungen eingeläutet. Der Papst dankte in seiner Rede denjenigen für ihr Engagement, ihren Kampf, ihren aktiven Widerstand, welche von den meisten als „Chaoten", „Traumtänzer" oder „unverantwortliche Utopisten" diffamiert werden. Dieser Kampf werde – hoffentlich – den „erlösenden Wandel [*cambio redentor*]", wie es Papst Franziskus formuliert, bringen, den die Menschen und die ganze Erde benötigen.

Die Stärken der päpstlichen Gesellschafts- bzw. Kapitalismuskritik liegen auf der Hand. Es ist ohne Zweifel beeindruckend, dass der höchste Repräsentant der katholischen Kirche, also einer Weltinstitution ohnegleichen, so deutliche und scharfe Worte findet, um die herrschenden Verhältnisse anzuklagen. Und es ist bemerkenswert, wie sich bis in die Sprache seiner Analyse hinein eine Nähe zu den sozialen Bewegungen feststellen lässt: Wenn der Papst im Zusammenhang mit seiner Kritik an der gegenwärtigen wirtschaftlichen Ordnung von der Sehnsucht nach einer Befreiung von einer „individualistischen, versklavenden Traurigkeit" spricht, dann klingt darin eine Nähe zu dem an, was die *Blockupy*-Bewegung „diese organisierte Traurigkeit des Kapitalismus"[2] nennt.

Zu Recht sprechen manche deshalb von einer Revolution im Vatikan oder vielleicht etwas realistischer nicht von einer Revolution, „aber von etwas, dass dazu führen könnte"[3], wie Kuno Füssel und Michael Ramminger in ihrem Kommentar zu *Evangelii Gaudium* konstatierten. Denn auch eine noch so scharfe und detaillierte Kritik eines Einzelnen reicht nicht für eine Revolution aus – auch nicht die Kritik eines Papstes. Insofern ist sein Anliegen (das einer „erlösenden Revolution") mit dem Problem der fehlenden oder zumindest schwachen christlichen Basisbewegung, bei gleichzeitig „begrenzter Hausmacht"[4] konfrontiert. So entsteht die Erwartung an Papst Franziskus, er solle seinen Worten Taten folgen lassen, indem er die Vatikanbank und jeglichen kirchli-

---

2 Ebd.: „Viele erhoffen einen Wandel, der sie von dieser individualistischen, versklavenden Traurigkeit befreit."
3 Füssel & Ramminger 2014: 21-34.
4 Vgl. ebd.: 28-30; mit Verweis auf die Analysen des Vatikanisten Marco Politi.

chen Besitz auflöse usw. Die Macht habe er ja, schließlich gibt es den Jurisdiktionsprimat, der einer einzigen Person eine – formell – absolute Entscheidungsmacht über die gesamte katholische Kirche ermöglicht. Solche Erwartungen zielen auf eine Revolution „von oben" und lassen vergessen, dass auch in der Kirche, wer die Regierung hat, noch lange nicht die Macht hat. Ein weiteres Problem solcher Erwartungen ist, dass sie allzu oft mit einer praktizierten Verantwortungsabgabe an den Papst einhergehen. Entweder freut man sich darüber, dass Kirche (wenn auch nur vertreten durch den höchsten Repräsentanten der katholischen Kirche) öffentlich wieder etwas zu sagen hat, angesichts allgegenwärtiger Krise, Krieg und Kapitalismus. Oder man übt sich in möglichst kühler Distanz, um die Anregungen von Papst Franziskus für sich selbst und für die herrschenden Verhältnisse in keiner Weise gefährlich werden zu lassen. Was also bedeutet es angesichts der Schwäche einer Bewegung von unten, dass hier Hilfe von so unerwarteter Stelle kommt? Wie lässt sich die Tatsache eines kapitalismuskritischen Papstes in Bezug setzen zum befreiungstheologischen Engagement? Welche Chancen und Möglichkeiten können sich daraus ergeben, wo stoßen diese aber auch an ihre Grenzen?

Kirche als Verbündete der sozialen Bewegung

Aus dieser Perspektive erscheint an der Rede des Papstes vor allem eins wichtig: Dass er bemüht ist die katholische Kirche neu und auf eine bisher amtskirchlich unerhörte Weise zur Verbündeten der sozialen Bewegungen zu machen, wenn er etwa sagt: *„Die Kirche kann und darf in ihrer Verkündigung des Evangeliums diesem Prozess* [gemeint ist der Prozess einer grundlegenden Veränderung der bestehenden Ordnung; PG & JL] *nicht fern stehen."*[5] Dieses Bündnis wird von Papst Franziskus nicht als kirchlicher Paternalismus verstanden, er will die Kirche ausdrücklich nicht als Avantgarde oder Speerspitze der Bewegung sehen, sondern als eine Bündnispartnerin und Begleiterin der Bewegungen im Kampf um ein menschenwürdiges Leben für alle, als dessen Säulen er die grundlegenden Bedürfnisse nach Land, Wohnung und Arbeit (*tierra,*

---

5 Papst Franziskus 2015, http://www.itpol.de/?p=1804, letzter Aufruf: 7.9.2015.

techo y trabajo) benennt. Freimütig und ehrlich gibt er zu, kein Rezept zu haben und unterscheidet sich damit deutlich von einer meist der katholischen Soziallehre zugrunde liegenden Auffassung, die vorgibt, die Kirche habe durch ihr christliches Menschenbild im Grunde immer schon ein Patentrezept für alle jeweiligen Herausforderungen der Zeit und verkündige eine Moral, deren individuelle Befolgung im Grunde die Lösung aller Probleme der Welt darstelle.[6] Diese Erkenntnis, dass der Glaube und seine Verwirklichung in der Welt von heute auf eine Analyse der bestehenden Unterdrückungs- und Herrschaftsverhältnisse angewiesen bleiben, war ein entscheidender Ausgangspunkt der Befreiungstheologie gewesen. Mit der Befreiungstheologie teilt der Papst auch den Glauben an die Notwendigkeit eines grundlegenden Wandels (*cambio*). Die Befreiungstheologie, in Lateinamerika wie auch in Europa, hatte diesen immer als Bruch mit dem bestehenden kapitalistischen System (und den damit einhergehenden Diktaturen) charakterisiert. So skizzierte Georges Casalis, ein französischer Vertreter der europäischen Befreiungstheologie, die gesellschaftliche Situation in den 1970er Jahren, vor deren Hintergrund er seine Theologie entwickelte, einmal folgendermaßen:

> „Der europäische Kapitalismus in der Krise bietet den Völkern Europas und der übrigen Welt keinen Ausweg. Die einzige wirkliche Hoffnung hängt an einer Revolution, das heißt an einem *Bruch* mit dem System, einem System, dessen Weiterentwicklung, gestützt auf eine immer größer werdende strukturelle Gewalt, fataler Weise in Richtung immer größerer Ungerechtigkeit erfolgen würde."[7]

Diese Einschätzung klingt leider in vielem, angesichts des Verlaufs der „Krise" seit 2008, insbesondere in Griechenland, überraschend aktuell, auch wenn die Hoffnung auf einen Bruch mit den herrschenden Verhältnissen viel weniger ausgeprägt ist, als dies wahrscheinlich in den 1970er Jahren der Fall war, als Casalis' Theologie entstand. Die Konsequenzen, die diese Situation für das Theologietreiben haben muss, hat Casalis ebenfalls in kurzen Worten auf den Punkt gebracht:

---

6 Papst Franziskus stellt sich dabei selbst deutlich in die Tradition der kirchlichen Soziallehre, die er positiv aufnimmt und auf die er sich bezieht, ja er betont im Grunde nichts anderes zu sagen, als es die katholische Soziallehre immer schon gesagt habe. Dennoch interpretiert er die Soziallehre durch die Form seiner Bezugnahme neu.

7 Casalis 1980: 18.

„Es wird hier gebrochen mit einem abstrakten und allgemeinen *Diskurs*; die Praxis ist konkret und sehr wohl verankert in Raum und Zeit, in Abhängigkeit von der Gestalt, welche die Klassenkämpfe annehmen; in dem Maße, wie man sich bewußt in diese einreiht, wird man auch militant. [...] Es geht dabei nicht darum, theoretisch einen neuen Typ von Theologie zu entwerfen. Es geht vielmehr im strengen Sinn um Praxis, um *revolutionäre* Praxis, welche die erste Voraussetzung für die Ausarbeitung einer Theologie des Volkes darstellt."[8]

Diese Frage nach einer revolutionären Praxis, einer Praxis also, die die bestehenden Verhältnisse umstürzt, stellt sich heute aus der Position der weltweiten Schwäche derjenigen, die sich dafür einsetzen, anders. Diese Schwäche ist vor allem eine der Organisation, aber auch eine der Fähigkeiten und Möglichkeiten Visionen bzw. Alternativen zu denken.

Volk Gottes: „Stricken" an der Gegen-Erzählung und Engagement auf der Straße

Diese Schwächen spiegeln sich in den Kirchen wieder, wo es immer weniger gelingt, Prozesse der Vergemeinschaftung und Solidarisierung auf Dauer herzustellen (wohl auch, weil der vom Neoliberalismus ideologisch geformte Mensch, sich viel eher auf ein zeitlich befristetes Projekt[9] als auf auf Verbindlichkeiten gründende Strukturen und Prozesse[10] einlassen kann). Ein ähnliches Problem äußert sich wohl auch in der Flüchtigkeit von Bewegungen: Die verhältnismäßig geringe institutionelle Verankerung bewahrt diese vor Starrheit und ermöglicht ein flexibles Reagieren auf die jeweiligen Problemkonstellationen, sie führt aber oftmals auch dazu, dass es nicht gelingt, eine Kontinuität von Widerstand zu organisieren. Das hängt auch damit zusammen, dass es nicht immer einfach ist, einen Zusammenhang zwischen den

---

8   Ebd.: 38
9   Bröckling 2007: 278-282.
10 Mit der neoliberalen Subjektivität und dem sich daraus entwickelnden Sozialisationstyp hat sich der Arbeitskreis ReligionslehrerInnen am ITP in jüngster Zeit ausführlich beschäftigt, vgl. Arbeitskreis ReligionslehrerInnen am ITP 2015. Zur Relevanz der Auseinandersetzung mit neoliberalen Subjektivierungsprozessen heute für die Befreiungstheologie vgl. auch Geitzhaus & Lis i.E.

vielen einzelnen Kämpfen und Themengebieten herzustellen und eine übergreifende Idee zu formulieren.

Während sie sich also teilweise mit ähnlichen Problemen konfrontiert sehen, ist das Verhältnis von sozialen Bewegungen, bzw. (linken) politischen AkteurInnen und ChristInnen sicherlich – nicht erst heute – kein einfaches. Auch wenn sich christliche Initiativen auf eine Annäherung oder gar Beteiligung an sozialen und politischen Kämpfen verständigen, ist damit wenig über die konkrete Umsetzung ausgesagt – allzu oft bleibt es leider bei Sonntagsreden und Lippenbekenntnissen. Dennoch gibt es auch gegenwärtig in der BRD einige ernst zu nehmende Versuche, am Aufbau von Bündnissen von ChristInnen mit sozialen Bewegungen zu arbeiten. Die beiden größeren Aufbrüche basiskirchlicher Initiativen in Deutschland der letzten Jahre waren einmal die Initiative um die *Konziliare Versammlung 2012* und den *Katakombenpakt* sowie die Gruppen im Kontext der *ökumenischen Versammlung 2013*. Beide Initiativen haben ihre Nähe zu den sozialen und politischen Bewegungen explizit hervorgehoben. In der Botschaft der Konziliaren Versammlung ging man sogar so weit, die Legitimität des Volk-Gottes-Seins an die Verbindung zu diesen Bewegungen zu knüpfen. Die Versammlung formulierte im Anschluss an die Selbstverpflichtung zum Kampf für die Würde aller Menschen:

> „Wir sind Volk Gottes, wenn wir mit vielen suchenden Menschen weltweit, mit feministischen, sozialen und politischen Menschenrechts- und Demokratiebewegungen verbunden sind. Darin sind die Lesben-, Schwulen- und Transgender-Bewegungen eingeschlossen."[11]

Diese Formulierung steht deutlich in einer befreiungstheologischen Tradition. So war es von Anfang an ein befreiungstheologisches Anliegen nicht nur die Nähe zu den Befreiungsbewegungen zu suchen, sondern die aktive Teilnahme an den sozialen und politischen Kämpfen als explizit christlichen bzw. biblischen Auftrag zu verstehen. Die theoretischen Ansätze reichen bis dahin, dass der Begriff „Volk Gottes" ausschließlich vom Reich Gottes her interpretiert wird, wie es beispielsweise Ignacio Ellacuría herausstellte. Nur diejenigen, die im Sinne dieses „Reiches", welches sich vor allem durch die drei Dimensionen Freiheit, Gerechtigkeit

---

11 ITP 2014: 48; http://www.pro-konzil.de/hoffen-und-widerstehen/, letzter Aufruf: 26.7.2017.

und Liebe[12] auszeichnet, kämpfen, können Volk Gottes genannt werden. Die ChristInnen bzw. die Kirche stehen vor der Aufgabe, Teil dieses Volkes zu werden, welches das Reich Gottes verwirklichen soll und wird.

Die beiden genannten christlichen Aufbrüche haben dementsprechend einen hohen, aber konsequenten, Anspruch formuliert, den es einzulösen gilt, um dem Auftrag des Reich-Gottes-Engagements gerecht zu werden. Doch ist es offensichtlich, dass es keiner der beiden Initiativen bisher gelingen konnte, sich wirklich aktiv in die Kämpfe sozialer Bewegungen hierzulande einzubringen, obgleich es kleinere Annäherungen einzelner Gruppen und Personen gab und gibt. Hier sei beispielsweise auf die Beteiligung einiger ChristInnen an den Blockupy-Protesten gegen die Austeritätspolitik hingewiesen. In ihrem Aufruf schreiben sie:

> „Anklage und Protest – auch sie sind Teil des biblischen Erbes, in dem wir verwurzelt sind. Wie einst die Prophet_innen glauben wir auch heute, dass wir Christ_innen gerufen sind, Unrecht und Ungerechtigkeit dort, wo wir sie sehen, klar zu benennen, auch wenn es unbequem ist. Wir müssen erklären und überzeugen, aber auch mutig prophetische Zeichen setzen, wo dies heute gefragt ist. [...]. Viele Menschen werden sich am 18.3. aufmachen, um durch ihren Protest zu zeigen, dass sie mit der herrschenden Spar- und Verarmungspolitik nicht einverstanden sind. Sie werden durch Blockaden um die EZB den Normalbetrieb unterbrechen. Als Christ_innen wollen wir solidarisch mit ihnen in Frankfurt auf die Straße gehen: Unterstützen wir den Protest – denn zu feiern gibt es dort nichts!"[13]

Als Institut für Theologie und Politik haben wir uns an diesem Aufruf beteiligt und versucht damit zu erläutern, wieso Aktionen auf der Straße gegen die Austeritätspolitik und das Spardiktat für uns als ChristInnen in der BRD heute eine dringliche Aufgabe sind: Weil sie eine Unterbrechung des kapitalistischen Alltags darstellen und somit das Potenzial entfalten können, diesen selbst symbolisch infrage zu stellen und auch weil sie Zeichen der Solidarität mit den Menschen in Südeuropa sind, die vor allem unter der Krise leiden.

Wir beteiligen uns auch deshalb an den Blockupy-Protesten, weil wir es falsch finden als ChristInnen die reale Konfrontation nicht

---

12 Vgl. Ellacuría 2011: 125f.
13 ITP; CfS u.a. 2015, http://www.itpol.de/?p=1627, letzter Aufruf: 7.9.2015.

nur mit staatlichen Repressionen, sondern auch mit den Bewegungen zu vermeiden, auch wenn wir um die Schwierigkeiten und Anstrengungen, die Mühen der Ebene in der politischen Zusammenarbeit, wissen – besonders in „Zeiten messianischer Dürre" (Elsa Tamez). Die einzige Alternative dazu wäre die Konzentration auf das (vermeintliche) christliche „Kerngeschäft". Dessen häufigste Variante dürfte die Ausgestaltung diversester „Spiritualitätsmethoden" sein, die jegliche Auseinandersetzung mit Religionskritik – einer der größten Verdienste der Befreiungstheologie! – hinter sich gelassen haben und sich stattdessen auf dem Markt der Sinnstiftung positionieren wollen. Umgekehrt glauben wir nicht, dass es genügt, als ChristInnen einfach in den sozialen Bewegungen aufzugehen, vielmehr glauben wir an die Relevanz eines befreienden Christentums auch für die gegenwärtige Positionsbestimmung von ChristInnen. Eine solche Positionsbestimmung, wenn sie wirklich kontextuell relevant sein soll, ist kein Bekenntnis, das einmal hervorgebracht allgemeingültig und für alle Zeit bestehen bleibt. Vielmehr konfrontieren uns die Ereignisse und Entwicklungen in Welt, Gesellschaft und Kirche mit der Notwendigkeit, an einer befreiungstheologischen Positionierung kontinuierlich zu arbeiten und diese den sich wandelnden Verhältnissen entsprechend weiterzuentwickeln. Dies gemeinsam mit anderen zu tun, dazu sollen vor allem unsere Studientage im ITP, die Befreiungstheologischen Sommerschulen, Veranstaltungen, Diskussionen, Tagungen und unsere Publikationen dienen. Das Grundmotiv bleibt dabei das Weiterschreiben bzw. Weiterstricken[14] der Großen Erzählung: mal als Trauern um ihre verlorene Relevanz, wie es Ton Veerkamp in *Die Welt anders. Die politische Geschichte der Großen Erzählung* hervorgehoben hat, mal aber auch als Aktualisierung einer immer noch Menschen bewegenden Geschichte von Unterdrückung und Befreiung, Leiden und Auferstehung, Hoffnung auf Gleichheit und Freiheit für alle. So versuchen wir unsererseits an dem ernsthaften Problem zu arbeiten, dass dieser neoliberale Kapitalismus zwar mittels einer ausgeprägten Kulturindustrie viel zu viel erzählt, keine Erzählung aber eine Alternative zu diesem Neoliberalismus bieten

---

14 Dazu Roland Barthes: „Das Mitverfolgen der Textentstehung kann man sich so vorstellen, als ob man den Händen einer Spitzenstrickerin beim Herstellen von Valencienner Spitze zusehen würde. [...] (Text, Gewebe und Geflecht – das ist dasselbe).", zit. n. Füssel 1987: 21.

soll. Es bedarf dementsprechend dringend der Gegenerzählung. Eine solche Gegenerzählung muss aber eine mit *bestimmten* Inhalten sein. Denn sie muss sich bewähren in einer Zeit, in der das Diktum gilt: „Inhalte überwinden!", wie es der Satiriker Martin Sonneborn immer wieder entlarvend formuliert. Zu diesen Inhalten gehören die biblischen Themen wie Solidarität, Barmherzigkeit, das Leidensgedächtnis, die Hoffnung auf Erlösung etc.

Diese Themen werden interessanterweise in den letzten Jahren von einigen linken (nicht-christlichen) PhilosophInnen mit expliziten biblischen Bezügen aufgegriffen, wie es vor allem die Paulusrezeptionen von Giorgio Agamben, Alain Badiou oder Slavoj Žižek und die Verwendung zahlreicher biblischer Termini beispielsweise in den Veröffentlichungen von Michael Hardt und Antonio Negri zeigen. Damit erkennen sie in der christlichen Tradition die prinzipielle Möglichkeit der Emanzipation an, was sicherlich ein Anknüpfungspunkt zwischen Theologie und linker Theorie bzw. ChristInnen und linker Bewegung sein könnte. Das Weitererzählen der Großen Erzählung darf und muss also nicht von der Beteiligung an den Bewegungen, von ihren Orten und Kämpfen dispensieren und auch nicht davor, solidarisch mit diesen daran zu arbeiten, wie diese fortgeschrieben und weitergeführt werden können, unter den jeweils veränderten historischen Bedingungen. Doch muss man anerkennen, dass dies offensichtlich in einer „Welt, wo die Befreiung die Ausnahme, Unterdrückung die Regel ist"[15], geschieht; oftmals aus einer Position der Schwäche heraus, in der das Erzählte eben nicht als unmittelbar plausibel oder gesellschaftlich selbstverständlich gelten kann und wird. Eine Gegenerzählung entsteht aus und in den Kämpfen, muss sich von ihnen beeinflussen lassen sowie sich in diese mit „hineinweben".

Dementsprechend stellt einerseits die Tradition der biblisch geprägten Gegenerzählung als auch, wie eingangs gezeigt, ein radikaler kapitalismuskritischer Papst, die Basiskirche, das reformorientierte Christentum, uns alle vor die Herausforderung, wirkliche Anknüpfungspunkte an die politischen und sozialen Bewegungen zu finden und diese „Früchte tragen zu lassen".

---

15 Boer 2014: 53.

„Weiterstricken" in Kirche und sozialen Bewegungen

Als Institut für Theologie und Politik sehen wir es als unsere Aufgabe, Theologie im Kontext von sozialen Bewegungen bzw. – wie es häufig formuliert wird – Theologie an der Schnittstelle von Kirchen und sozialen Bewegungen zu treiben. Soziale Bewegungen und Kirchen werden dabei nicht nur als Forschungsschwerpunkte verstanden, sondern als Orte, in welchen wir aktiv partizipieren, die wir mitgestalten und mit anderen gemeinsam weiterentwickeln (wollen). Damit unterscheidet sich diese theologisch-wissenschaftliche Arbeit durchaus vom gängigen akademischen Betrieb, wo die eigene Arbeit, auch die theologische, selten als teilnehmende und perspektivische, also einer Reich-Gottes-Vision verpflichtete, theoretische Praxis begriffen wird. Ganz konkret meint für uns diese theoretische Praxis heute, hier im Kontext der BRD, vor allem die Beschäftigung mit den Themen und Kämpfen der Bewegung gegen die europäische Austeritätspolitik, der Flüchtlingsbewegung und den Organisierungsprozessen christlicher Basisbewegungen. Man wird einwenden können, dass das Sprechen über Bewegungen in diesem Kontext eine Relevanz dieser Prozesse suggeriert, die diese faktisch nicht haben. Doch gerade ihre Fragilität berechtigt aus unserer Perspektive nicht dazu, diese Bewegungen zu ignorieren, sondern macht die praktische Mitarbeit in ihnen und die theoretische Auseinandersetzung mit ihnen nur noch dringlicher.

Die Bewegung, die sich in der BRD mit den Auswirkungen der Banken- und Finanzkrise in Südeuropa beschäftigt, wird heute vor allem vom Blockupy-Bündnis organisiert. Dieses klagt die totale Ökonomisierung und Verarmung als falsche Universalität (Balibar) an und setzt dieser die Perspektive einer solidarischen *Commune* entgegen. Damit ist der Versuch verbunden, eine Perspektive über die herrschenden neoliberalen Verhältnisse hinaus zu eröffnen, eine, die die politischen und ökonomischen Bedingungen in der EU transzendiert. Die Blockupy-Bewegung hat sich dabei von Anfang an bemüht, Solidarität praktisch werden zu lassen, nicht nur an ihrem symbolischen Ausdruck im Rahmen der Blockaden der EZB zu arbeiten, sondern auch an einer praktisch-politischen Vernetzung mit antikapitalistischen Bewegungen in anderen Ländern der

EU. Der Anspruch war dabei stets, nicht nur auf Informationsaustausch zu setzen, sondern eine Praxis des Gemeinsamen, im Sinne einer neuen *Commune* zu entwickeln.[16] Unsere Aufgabe als Institut für Theologie und Politik sehen wir diesbezüglich einerseits in der Teilnahme an dieser „Praxis des Gemeinsamen", andererseits ist es unser Anliegen diese Praxis und diese Perspektiven mit jener von ChristInnen und ihrer Theologie zu vermitteln; d.h. eine Grundfrage der Befreiungstheologie aufzugreifen, was der Kampf der sozialen Bewegungen mit dem Reich Gottes, was die erhoffte Befreiung mit der Erlösung zu tun hat.

Auffällig ist, dass diese Situation der „Krise" von vielen existenziell interpretiert wird, was sich in der Haltung eines „so geht es nicht weiter" und damit in einer expliziten Positionierung ausdrückt.[17] Zur Zeit wird diese existenzielle Frage in Form des Begriffs der *Militanz* diskutiert, der etwa im Sinne Alain Badious verstanden werden kann als „Treue" zu einer schon einmal dagewesenen „kommunistischen", d.h. absolut brüderlich-egalitären, Erfahrung. Thomas Seibert, einer der prominenten Theoretiker der Blockupy-Bewegung und der *Interventionistischen Linken*, schreibt dazu:

> „Folgt strategisches Handeln normalerweise so sehr einem Kalkül, das es selbst kalkulierender, wortwörtlich rechnender Natur ist, setzt die Militante in ihrem Kalkül auf ein Element, das im Letzten unkalkulierbar ist, also unberechenbar und eben darin ereignishaft ist."[18]

Die Militanz soll demnach ein von einer Hoffnung auf das Nicht-Planbare, auf ein Ereignis, getragenes Engagement sein. Die Krise wird zur Entscheidungssituation, in der Möglichkeitsräume einer Zukunft entstehen, die (noch) nicht denkbar ist und somit die eigene Sprach-fähigkeit herausfordert.

Hier ergibt sich auch ein inhaltlicher Bezug zur Flüchtlingsbewegung, die mit dem Recht aller auf freies Gehen und Bleiben (weltweit) ebenfalls so einen das Bestehende transzendierenden Möglichkeitsraum eröffnet

---

16 Zur europäischen Kommune: vgl. http://www.dazwischengehen.org/story/2014/05/die-europische-kommune, letzter Aufruf: 6.9.2015.

17 So lautete der Slogan auf dem Fronttransparent des antikapitalistischen Blocks bei der Blockupy-Demonstration im Juni 2013: „Crisis demands decision – let's choose communism!"

18 Seibert 2009: 155.

und zugleich durch eine gemeinsame solidarische Praxis bereits im Hier und Jetzt anfanghaft zu leben versucht. So antizipiert sie ein „Weltbürgertum" oder besser eine grenzenlose Weltgemeinschaft in emanzipatorischer Absicht[19]. Vor allem in diesem Praxisfeld finden engagierte ChristInnen einen Anknüpfungspunkt. Hier wird – zu Recht – konkrete Solidaritätsarbeit (bzw. Menschenrechtsarbeit) eingefordert. Diesen Anspruch gilt es heute zu organisieren, wie das beispielsweise in Form des Münsteraner Bündnisses Kirchenasyl geschieht. Gleichzeitig muss diese Menschenrechtsarbeit, um wirklich „dem Rad in die Speichen zu fallen" anstatt nur diejenigen zu verbinden, die heute unter die Räder kommen, mit der politischen bzw. kapitalistischen Dimension von Flucht und Migrationsmanagement, sprich Abschottungs- und Selektionspolitik, in Bezug gesetzt werden. Dabei kommen die Fragen nach den Ursachen von Flucht sowie die Auseinandersetzung mit dem kalten Nützlichkeitskalkül, welches den Diskurs über Flucht und Migration und die entsprechenden politischen Konzepte prägt, in den Blick. Hier wird der Formungs- und Optimierungszwang von Menschen barbarisch auf die Spitze getrieben. Das herrschende EU-Migrationsmanagement verkündet der Welt (außerhalb der EU wie innerhalb): Der Mensch von heute hat keinerlei Ansprüche zu stellen, ob mit oder ohne verbriefte Rechte. Und wer etwas aus sich machen will (bzw. lediglich leben will), muss kämpfen oder – untergehen. Die Botschaft ist so zynisch wie verständlich. Und mit Leichtigkeit kann diese Botschaft auch in neoliberalen Arbeitsverhältnissen nachvollzogen werden. In diesem Sinne versuchen wir als ITP das lokale Engagement vieler ChristInnen mit einer politischen Perspektive zu verbinden. Neben juristischer Beratung versteht sich das Netzwerk Kirchenasyl, welches wir gemeinsam mit dem lokalen Bündnis gegen Abschiebung und engagierten Einzelpersonen aus den Kirchen gegründet haben, als Sprachrohr, um fähig zu werden, unabhängig von Kirchenleitungen diese Politik anzuklagen und auf herrschende Unrechtsverhältnisse aufmerksam zu machen.

---

19 Der Begriff des Weltbürgertums ist durch seine liberale Traditionslinie durchaus uneindeutig. Ein wirkliches „Weltbürgertum" muss selbstverständlich mit der kapitalistischen Logik der (tödlichen) Konkurrenz und der Unterordnung unter das ökonomische Kalkül in absolutem Widerspruch stehen. Dieser Begriff soll deshalb auf Grund seiner liberalen Inanspruchnahme an dieser Stelle eher als Behelf denn als fertiges Konzept verstanden werden.

Die Suche nach Vernetzungs- und Organisierungsmöglichkeiten von ChristInnen, die sich gegen die aktuelle Krisenpolitik oder im Bereich Flucht und Migration engagieren, hängt für uns auch zusammen mit unserem dritten gegenwärtigen Schwerpunkt, der Frage nach der Notwendigkeit sowie der Möglichkeit der (Re-)Organisierung der christlichen Basisgruppen, auch auf Grund des „Zeitfensters", welches sich aktuell durch Papst Franziskus bietet. Unser Anliegen ist es, diese unterschiedlichen Orte, Akteure und Sprachen/ Sprachspiele miteinander zu vermitteln, damit sie sich mit ihren jeweiligen Zielen und Erzählungen „verweben" können. Das bedeutet nicht nur den Dialog untereinander zu führen, sondern auch theoretisch nach den Möglichkeiten und vielleicht auch Grenzen dieses Dialogs zu fragen und gemeinsame Inhalte aus dem Kontext verschiedener Traditionen heraus zu erarbeiten. Denn es gibt, wie oben schon angeklungen, keinerlei selbstverständliche Verbindung der verschiedenen Akteure, häufig noch nicht einmal die Wahrnehmung voneinander. Die organische Verbindung von ChristInnen und sozialen Bewegungen ist in Europa tatsächlich eine Ausnahme. Um eine solche Verbindung aber wieder möglich werden zu lassen, schien es uns deshalb geboten, die Frage nach der Organisierung heute an die Erinnerung an vergangene Aufbrüche zu knüpfen: an die Bewegungen innerhalb der katholischen Kirche, die das 2. Vatikanische Konzil zum epochenmachenden Ereignis werden ließen und an den Katakombenpakt, der zum Ausgangspunkt einer Kirche der Armen im Sinne der Befreiungstheologie wurde. Wo erinnert wird an die vergangenen Hoffnungen, an Möglichkeiten, die schon einmal greifbar waren, kann neben der Trauer über das Scheitern doch auch der Mut zum Neubeginn entstehen: Das Wissen, dass nicht immer schon alles so war, wie es ist, kann und soll uns als ChristInnen bewegen, nach dem, was heute noch unmöglich scheint, noch nicht sichtbar ist, zu suchen: nach einer anderen Kirche in einer anderen Welt.

Auf dem Weg zu einer Kirche, die interveniert

Angesichts der eigenen Schwäche und Marginalität genügt es nicht, so meinen wir, einfach dabei stehen zu bleiben und festzuhalten, was unsere

Tradition als linke ChristInnen prägt und ausmacht. Vielmehr kann und muss uns die Treue zu dieser Tradition, dazu bewegen, neu nach Möglichkeiten zu suchen, um ihr Gestalt zu geben. Dies können wir nicht für uns allein, in einer Form der Abschottung und Konzentration auf unsere eigenen altbekannten Themen. Es wird nur dort möglich, wo wir nach Anknüpfungspunkten suchen, um die alten Fragen nach Befreiung und Gerechtigkeit, nach dem, was den Tod bringt und dem, was Leben in Fülle für alle Menschen ermöglicht, neu stellen zu können: in Bewegung, zusammen mit denen, die gemeinsam mit uns an einer grundlegenden, radikalen Veränderung aller Verhältnisse arbeiten wollen, „in denen der Mensch ein verächtliches, geknechtetes Wesen" (Marx) ist. Diese Arbeit zu organisieren und sie zu verbinden mit einer theologischen Reflexion, die dem Ziel einer umfassenden Befreiung des Menschen aus den ökonomischen, politischen und sozialen Strukturen der Unterdrückung treu bleibt, dem muss sich auch eine Befreiungstheologie heute unbedingt verpflichtet wissen. So erfüllt sie ihre kirchliche Funktion im Sinne einer Kirche, die sich einmischt, die dazwischengeht, wo die Würde der Menschen bedroht wird. Erst eine Kirche, die sich in diesem Sinne als Nachfolgegemeinschaft Jesu ernst nehmen würde, eine Kirche, die interveniert also, könnte wirklich verstanden werden als Volk Gottes im Zugehen auf die Verwirklichung seines Reiches.[20] Von so einer Vision der Kirche sind wir – und daran kann auch ein radikaler, kapitalismuskritischer Papst zunächst einmal wenig ändern – noch weit entfernt. Doch heißt das nicht, dass wir diese Vision deswegen einfach als Traumbild ad acta legen können. Vielmehr gilt es im Sinne einer messianischen Nachfolgepraxis daran zu arbeiten, dass diese Vision in dieser Welt einen Ort finden kann.

Literatur

Arbeitskreis ReligionslehrerInnen am ITP (2015): „Wer sitzt uns eigentlich in der Schule gegenüber? Das neoliberale Subjekt: inhaltslos, standpunktlos, rahmenlos". In: ITP – Institut für Theologie und Politik (Hg.): *Rundbrief*, Nr. 43, Münster, S. 4, http://www.itpol.de/wp-content/uploads/2015/10/ITP-Rundbrief-Nr-43.pdf, letzter Aufruf: 26.7.2017.
Boer, Dick (2014): „'Wir aber hatten gehofft'. Text und Subtext in der politischen Geschichte der Großen Erzählung". In: Boer, Dick; Kuno Füssel & Michael Ramminger (Hg.): *Was verdrängt,*

---

20 Vgl. Geitzhaus & Lis 2013: 2.

aber nicht ausgelöscht werden kann. Diskussion über das Schicksal der Großen Erzählung*, Münster.

Bröckling, Ulrich (2007): *Das unternehmerische Selbst. Soziologie einer Subjektivierungsform*. Frankfurt a.M.

Casalis, Georges (1980): *Die richtigen Ideen fallen nicht vom Himmel. Grundlagen einer induktiven Theologie*. Stuttgart u.a.

Ellacuría, Ignacio (2011): *Eine Kirche der Armen. Für ein prophetisches Christentum*. Freiburg i.Br.

Papst Franziskus (2015): *Ansprache am Welttreffen der Volksbewegungen vom 9.7.2015*, http:// www.itpl.de/?p=1804, letzter Aufruf: 7.9.2015.

Füssel, Kuno (1987): *Drei Tage mit Jesus im Tempel. Einführung in die materialistische Lektüre der Bibel*. Münster.

Füssel, Kuno, & Michael Ramminger (2014): „Dem Kapital an die Wurzel. Evangelii Gaudium: Keine Revolution, aber ein Programm, dass dazu führen könnte". In: Fendel, Peter; Benedikt Kern & Michael Ramminger: *Tun wir nicht, als sei alles in Ordnung! (EG 211). Ein politisch-theologischer Kommentar zu Evangelii Gaudium*, Münster.

Geitzhaus, Philipp, & Julia Lis (2013): „Eine Kirche, die interveniert". In: ITP – Institut für Theologie und Politik (Hg.): *Rundbrief*, Nr. 39, Münster, S. 2f, http://www.itpol.de/wp-content/ uploads/2013/07/rundbrief39.pdf, letzter Aufruf: 26.7.2017.

Geitzhaus, Philipp, & Julia Lis (i.E.): „Ambivalente Subjekte. Befreiungstheologie und Nachfolgepraxis im Neoliberalismus". In: Gmainer-Pranzl, Franz; Sandra Lassak & Birgit Weiler: *Theologie der Befreiung heute. Herausforderungen – Transformationen – Impulse*, Innsbruck.

ITP – Institut für Theologie und Politik (2014) (Hg.): *„Anders Mensch sein in einer anderen Kirche..."*. *Dokumentation und Weiterführung der Konziliaren Versammlung Frankfurt 2012*. Werkbuch, Nr. 2, Münster, http://www.pro-konzil.de/hoffen-und-widerstehen/, letzter Aufruf: 26.7.2017.

ITP – Institut für Theologie und Politik; CfS – ChristInnen für den Sozialismus u.a. (2015): *Solidarität muss praktisch werden. Aufruf zum Blockupy-Aktionstag am 18. März in Frankfurt*. http://www.itpol.de/?p=1627, letzter Aufruf: 7.9.2015.

Seibert, Thomas (2009): *Krise und Ereignis. Siebenundzwanzig Thesen zum Kommunismus*. Hamburg.

*Dass der Verblendungszusammenhang kapitalistische Herrschaftsverhält-
nisse eben nicht nur als naturgegeben verklärt, sondern ihnen auch einen
quasi-religiösen Charakter verleiht, analysiert der evangelische Theologe
Martin Block als Grund für die Nichtbeachtung der Befreiungstheologie.
Hinter allen Glücksverheißungen, die die Verdinglichung kapitalistischer
Gesellschaften nur mangelhaft kaschieren, verbirgt sich als letztinstanzliche
Begründung die Zweckrationalität des Wirtschaftens, die den Charakter
einer Religion im Feuerbach'schen Sinn angenommen hat. Dem stellt
Martin Block nicht ohne Emphase das emanzipatorische Potenzial eines
aufgeklärten, diesseitigen Glaubens gegenüber: „Es ist der Glaube, dass
diese Welt nicht nur veränderbar ist, sondern dass sie in sich und für sich
gut ist, gut gemeint, gedacht ist."*

Martin Block

Befreiungstheologie als Globalisierungsprojekt
Anmerkungen aus der Solidaritätsarbeit
der ESG Göttingen

Befreiungstheologie ist im öffentlichen wie kirchlichen Bewusstsein
mehr und mehr verschwunden. Dies ist einerseits eine Krise der Befrei-
ungstheologie selbst. Andererseits aber auch ein Ausdruck der krisen-
haften Bewegungen, mit denen wir es grundsätzlich im gegenwärtigen
Wirtschafts- und Gesellschaftssystem „Kapitalismus" zu tun haben.
Insofern ist die Krise der Befreiungstheologie Ausdruck der gesamt-
kapitalistischen Krise. Dies selbstverständlich nicht als Parallele oder
Analogie zur Krisenhaftigkeit des Kapitalismus, sondern als schärfster
Widerspruch zu ihm. Doch zu konstatieren bleibt: die Kritik des
Kapitalismus, hier als Befreiungstheologie sichtbar, gerät selber in die
Krise. Allerdings in weiterhin kritischer Grundhaltung gegenüber dem
zu kritisierenden Gegenstand: dem selbstprozessierenden Widerspruch

Kapitalismus. Um diese doppelte Grund-Lage von Befreiungstheologie soll es im Folgenden unter anderem gehen. Schlussendlich zielt mein Beitrag auf eine „Selbstkritik der Befreiungstheologie" hin. Selbstkritik keineswegs „nur" aus moralischen, sondern in erster Linie aus theologischen Gründen.

1. Befreiungstheologie im Mittelamerika-Komitee der ESG Göttingen (MAK)

Das MAK der evangelischen Studierenden-Gemeinde Göttingen gibt es seit 1978. Die Beschäftigung mit Befreiungstheologie, also politischer Theologie aus und in Lateinamerika, gab es von Anfang an. Dies allerdings nicht immer nur theoretisch und nicht immer nur praktisch, überdies in unterschiedlicher Intensität, was u.a. abhängig war vom jeweiligen Semesterthema.

Ein Ausgangspunkt dieser Beschäftigung mit Befreiungstheologie war die Solidarität mit den sozialen, ökonomischen und kirchlichen Befreiungsbewegungen in Lateinamerika. Diese waren entstanden als Widerstand gegen die und Kritik der „zweiten Kolonisierung" Lateinamerikas durch den „Dollar-Imperialismus", richteten sich also gegen die Dominanz westlicher Investoren und entsprechender Wertabschöpfung, gesellschaftlicher, politischer und religiöser Wertvorstellungen und dementsprechender Hierarchisierungen. Die Entdeckung eigener und internationaler Identitäten und die Forderungen nach Selbstbestimmung und wirklicher Demokratie gingen Hand in Hand und fanden solidarische Antwort in den basisbewegten und linkspolitischen Initiativen des Westens, u.a. den Studierendengemeinden der Bundesrepublik. Die Forderungen nach Selbstbestimmung betrafen ihre geschlechtliche, ihre antirassistische und ihre ökonomisch-politische Form, was alles in allem bis heute gilt, da Selbstbestimmung oft nur in Ansätzen zugelassen wird.[1] Ein weiterer Grund und Ausgangspunkt für die Theologie der Befreiung in Lateinamerika war die bestehende, massive Unzufriedenheit mit der bestehenden katholischen wie protestantischen Theologie insgesamt.

---

1 Dies lässt sich exemplarisch an den immer selbstbewusster werdenden Forderungen von Frauen und Indigenen in Lateinamerika ablesen (auch als Kritik an fortschrittlichen Präsidenten wie Hugo Chavez und Evo Morales).

Politische, soziale und ökonomische Realitäten der „gefallenen Welt" wurden in aller Regel zwar gesehen und eingeordnet, aber in einem kategorialen Rahmen, der diese genannten Bedingungen nicht ernst genug nahm und die großen Widersprüche in den Gesellschaften der Zentren und denen der Peripherien nicht adäquat aufnehmen konnte. Weder im Gottesbegriff oder in der Christologie noch schließlich in der Ethik war man sich in der „bürgerlichen" Theologie der großen Problematik voll bewusst und hatte insofern theologisch auch keine wirklichen, ausreichenden Antworten auf die schwierigen, stellenweise verheerenden Zustände der (post-)modernen Welt. Dabei muss allerdings klar unterschieden werden: soziales, nächstenliebendes Handeln sowie gemeindliche Fürsorge sind natürlich in den Theologien und Ethiken der verschiedenen Amtskirchen dieser Welt enthalten – sehr dezidiert und argumentativ auf überzeugendem Niveau. Doch der Anlass für eine Theologie der Befreiung lag tiefer, war analytischer und existenzieller zugleich. Alle oder nahezu alle dieser „bürgerlichen" Theologien und Ethiken hatten ihre Begrenztheit in der Nichtbeachtung oder Ablehnung der Kritik der politischen Ökonomie, wie sie bei Karl Marx (1818-1883) vorlag. Ebenso war ein linkes oder kommunistisches Engagement kirchlicher Menschen zwar nicht ausgeschlossen, aber doch mit einer anderen Option verbunden: der Option für die a) katholische Soziallehre und b) der Option für eine lutherische oder calvinistische Schöpfungs- und Bürgerordnung. All das war meist gut begründet und theologisch sauber dargelegt. Aber es reichte für die Situation der Armen, Unterdrückten und nach einem „größeren Gott Suchenden" schon lange nicht mehr aus. Es war also die reale soziale, politische und ökonomische Lage, die nach einer anderen Theologie rief. Und nach einem anderen Gott, der nicht der Gott der Kanzel- und Kathedertheologen war, die die westliche wie die periphere Welt jahrhundertelang beherrschte und noch immer beherrscht.

Das MAK ist nun keineswegs ein Hort marxistischer Theorie oder „Kapitallektüre" gewesen, jedenfalls nicht ausschließlich oder auch nur in der Hauptsache.[2] Dennoch spielte und spielt die Auseinandersetzung

---

2 Obwohl sich seit der Neukonstituierung des MAK ab 2007 wohl die heftigsten Diskussionen entwickelten.

mit dem (Neo-)Marxismus eine nicht unerhebliche Rolle, sei es aus politischen, sei es aus theologischen Gründen.

Über die ersten Jahrzehnte des MAK kann hier nur überblickshaft berichtet werden. Im Zentrum des Engagements standen seit 1978 das mittelamerikanische Nicaragua, die neoliberale Wende in Wirtschaft und Gesellschaft seit Reagan und Thatcher („Reagonomics" und „Thatcherism") und die politische Umbruchssituation seit dem Ende des Warschauer Paktes 1989. Es gab Theorie – wie praktische Arbeit dazu, sehr kontroverse Diskussionen, Demonstrationen, Straßentheater auf dem Göttinger Rathausmarkt, viel Aufklärungs- und Solidaritätsarbeit. Die zahlenmäßige Stärke des MAK war in den 1980er und beginnenden 1990er Jahren am höchsten (ca. 10-15 regelmäßige Mitarbeitende), nahm Mitte bis Ende der 1990er Jahre stark ab, um dann Anfang des neuen Jahrhunderts auf eine einzige Person reduziert zu sein.

Im WS 2007/08 gab es dann einen neuen Anfang in der Arbeit des MAK. Es kamen neue Mitglieder hinzu, einerseits aus dem studentischen, andererseits aus dem berufstätigen Bereich. Auch die Beschäftigung mit der Befreiungstheologie nahm wieder Fahrt auf. Dies überschnitt sich zeitlich mit der päpstlichen „notificatio" an den salvadorianischen Befreiungstheologen Jon Sobrino. Mit seiner Theologie und eben dieser „notificatio" (der geringfügigsten Form von päpstlicher Kritik an einer katholisch-theologischen Publikation) beschäftigte sich das MAK im Wintersemester 2007/08 und im Sommersemester 2008. Befreiungstheologische Aspekte enthielten auch einige der folgenden Semesterthemen: Paulo Freire mit seinem Konzept einer „Befreiungspädagogik," die Dependenztheorie und ihre gegenwärtige Aktualität, die protestantischen Pfingstkirchen und ihre Stellung zur katholischen Amtskirche und den katholischen Basisgemeinden. Theologie, Ökonomie, Pädagogik und kirchliches Leben wurden als aufeinander bezogene und in dieser Gemengelage auch zu analysierende Grundsatzthemen erkannt und behandelt.

„Theologische Existenz heute" – so hieß es in der protestantischen „Dialektischen Theologie" (Barth, Bultmann) der 1920er Jahre. „Kirche im Kapitalismus" hieß es in einer ESG-Broschüre aus den 1980er Jahren, aber auch bei TheologInnen wie Helmut Gollwitzer (FU Berlin), Friedrich-Wilhelm Marquardt (FU Berlin), Dorothee Sölle (New York),

Dick Boer (Freie Universität Amsterdam) und Kuno Füssel (ehemals Universität Münster).[3]

Somit waren Ziel- und Stoßrichtung einer erneuten Beschäftigung mit der lateinamerikanischen Theologie der Befreiung eindeutig: Zunächst musste man sich mit den theologischen Traditionen, den Vätern und Müttern heutiger Theologien, beschäftigen, um die heutige Bedeutung kontextueller Theologie samt eigener Stellungnahme erfassen und formulieren zu können. Kontextuelle Theologie bedeutet aber ebenso, sich mit den politischen, sozialen und ökonomischen Gegebenheiten eines Landes, eines Kontinents, des Planeten auseinanderzusetzen und die Wirkweise und eklatanten Widersprüche zu klären und zu bestimmen. Das Entdecken und Benennen solcher Gegebenheiten verlief durchaus nicht kontinuierlich und nicht ohne Umwege. Ein genereller Überblick erscheint von daher nicht sinnvoll. Ich möchte im Folgenden auf einen sehr eingegrenzten, dafür umso umkämpfteren Topos eingehen: Wie hat sich Befreiungstheologie heute zu positionieren? Dies aus einem doppelten Motiv heraus: a) um wahrheitsgemäß und wirkungsvoll heute „theologische Existenz" auszusagen und b) um die Väter und Mütter der Traditionen (biblische Schriften, Bewegungen außerhalb der Amtskirchen) in ihren besten Momenten und Zielsetzungen zu erhalten und für die Gegenwart neu auszurichten.

2. „Theologische Existenz heute" im MAK

Die Beschäftigung mit der Befreiungstheologie brachte alte und neue Erkenntnisse. Die Kontextualität des befreiungstheologischen Ansatzes wurde neu aufgerollt und auf die Gegenwart bezogen. Durch die verstärkte Beschäftigung mit diesen Themen seit 2007 wurde einmal mehr klar, dass die Befreiungstheologie nicht nur für den Trikont Lateinamerika, Afrika und Asien relevant ist, sondern mit zunehmender Schärfe auch für die (ehemaligen) Zentren Europa und Nord-Amerika. Zugleich wurde eine zunehmende Unkenntnis und Bedeutungslosigkeit politisch-theologischer Fragen bei den Menschen in diesen Zentren

---

3 Um nur eine kleine Zahl protestantischer wie katholischer politischer TheologInnen zu nennen. Diese sind aber an den Universitäten und einer linken Öffentlichkeit sehr wichtig geworden, was auch an ihrer persönlichen wie publizistischen Präsenz lag.

konstatiert. Eine gegensätzliche Sachlage, eine Paradoxie, die die Paradoxie der Dialektischen Theologie der 1920er Jahre möglicherweise noch übertrifft. Denn in den Zeiten der Weimarer Republik ging es um ein europäisches, vielleicht sogar mitteleuropäisches Problem. Karl Barth als ein Wegbereiter der „Theologie der Krise" kritisierte mit Nachdruck die deutschnationale Haltung vieler seiner akademischen Lehrer, vor allem ihre kritiklose Begeisterung und theologische Bejahung des beginnenden Ersten Weltkriegs. Gegenwärtig hat sich die Problematik immens verschärft. Aus der deutschen bzw. europäischen Situation ist eine weltweite geworden, zugespitzt in der seit September 2008 andauernden weltweiten Finanz- und Wirtschaftskrise. Es geht dabei im Kern um das, was die lateinamerikanische Befreiungstheologie spätestens seit der lateinamerikanischen Bischofskonferenz 1968 in Medellin (Kolumbien) weiß und prophetisch ausspricht: um die Aufteilung der Welt in einen reichen Norden und in einen armen Süden, um den Raubbau und die fortlaufende Zerstörung der Umwelt durch unsere Formen der Industrialisierung, Energiegewinnung, Landwirtschaft (im Prinzip Profit), um die nicht endenden Kriege in vielen Regionen der Welt, um die weiterhin bestehende Diskriminierung der Frauen in aller Welt, um rassistische, homophobe und antisemitische Grundhaltungen vieler Menschen bis hinein in linke Zusammenhänge. Dabei stand und steht im Zentrum der prophetischen Anklage, ganz wie bei Barth, dass unsere Welt einen Götzen anbetet. Den Götzen des Profits, der unbedingten Verwertung, letztlich die Selbstanbetung und Selbstherrlichkeit des Menschen, der im weißen, männlichen, rationalen Subjekt des aufgeklärten Westens seine Durchschnitts- und Hegemonieform gefunden hat.

Die Paradoxie bleibt bestehen: Die Analyse und die Kritik der BefreiungstheologInnen sind wichtiger denn je. Zugleich wird beides immer weniger zur Kenntnis genommen – sowohl in der akademischen Theologie als auch in den mittelschichtigen Gemeinden vieler europäischer Länder.

Dabei beruht die „Tragik" dieser Entwicklung in dem eklatanten Auseinanderfallen von grundsätzlicher Fähigkeit befreiungstheologischer Ansätze zur gedanklichen Durchdringung der Wirklichkeit unserer Welt und der kaum zu verstehenden Unfähigkeit, sich mit dieser Möglichkeit auseinanderzusetzen – sondern im Gegenteil, Befreiungstheologie anzugreifen oder abzutun.[4]

Dementsprechend konnte man in den vergangenen vier Jahren im MAK beobachten: einerseits brennt das theologisch-politische Problem unter den Nägeln nahezu aller, sowohl kirchlicher als auch nichtkirchlicher Menschen. Andererseits musste konstatiert werden, dass nur wenige Interessierte noch Zeit, Wille oder Berufung haben, befreiungstheologisch zu arbeiten, Befreiungstheologie neu zu formulieren und sich im gesellschaftlichen, universitären oder schulischen Bereich zu positionieren.

Die Paradoxie des Auseinanderfallens von Notwendigkeit und tatsächlichem Handeln ist eklatant. Dies gilt eben auch für die Gemeinde selbst, in der der MAK sich befindet: In den 1980er Jahren konnte die ESG noch sehr viel tiefergehende Analysen von Gesellschaft und theologischer Denkarbeit leisten. Analysen und Denkanstrengungen haben abgenommen. Handelt es sich beim MAK um den „Rest", das „Häuflein Aufrechter", um die es in der jüdisch-christlichen Geschichte häufig ging und die dann auch häufig prophetische Traditionen vertraten und überlieferten? Die zum Stein des Anstoßes wurden? Ich sehe das MAK *nicht* in dieser Rolle, da es selbst viel zu sehr systembestimmt und partizipierend am gesellschaftlichen Verblendungszusammenhang handeln muss. Zudem geht es hier nicht um eine Auflistung oder gar Aufrechnung ESG-internen Verhaltens und Optierens. Es geht letztlich um die Auseinandersetzung in der Sache – auch wenn diese natürlich immer personen- und optionengeprägt, also kontextuell, ist. *Vielleicht* ist die ESG insgesamt ein Teil des „Restes", von dem in der Bibel bei Abraham, Noah und auch dem Exil in Babylonien die Rede ist. Der „Rest" war dann häufig der Auslöser eines neuen Anfangs. Eines Anfangs Gottes mit den Menschen, mit der „gefallenen Schöpfung", wie es in lutherischen, aber auch katholischen Kreisen zuweilen heißt.

Wie ist ein Neuanfang möglich, wie weit muss man denken, wie tief gründeln, wie hart arbeiten, wie ernsthaft beten? Theologische Existenz

---

4 Hier ist zu verweisen auf die Studien von Heinrich Schäfer (2009), der vor allem die Pfingstkirchen in Lateinamerika untersuchte, aber auch auf Studien über die Kirchenmitglieder in Deutschland, z.B. „Fremde Heimat Kirche" (EKD 1993) samt der Folgebände und des bisher letzten – katholischen – Versuchs einer Analyse von Höhn 2012.

heute bedeutet, das Subjektive und das Objektive gleichermaßen im Auge
zu behalten – und gerade den geltenden Zusammenhang von beidem zu
durchleuchten und auf die notwendigen Gedanken und Taten zu lenken.
Es geht – philosophisch – um den Subjekt-Objekt-Zusammenhang, der
theologiegeschichtlich ein weites Feld einnimmt. Zugleich sollte daran
erinnert werden, dass Theologen wie Karl Barth oder Rudolf Bultmann
ganz entschieden gegen eine allzu große Bedeutung eben dieses Zusam-
menhangs angingen, ja häufig genug polemisierten. Denn auch dieser
Zusammenhang blieb für beide eben „Philosophie". Doch die Polemik
traf nicht lediglich die Gegner, sie schlug auch auf die Polemiker selbst
zurück. Denn sowohl im theologischen als auch im philosophischen
Bereich ist und bleibt der Subjekt-Objekt-Zusammenhang von wesent-
licher Bedeutung. Die Dialektik von Gottes- und Menschenerkenntnis
und der Zusammenhang von Geist und Materie werden seit Anbe-
ginn theologischen Denkens verhandelt und können nicht mit einem
Federstrich als „Adiaphora" (Nebensächlichkeiten) abgetan werden.[5]
Zugestanden sei: Glaube als existenzieller Akt bzw. Widerfahrnis lässt
sich kaum in ein dialektisches Schema pressen, auch wenn die sinnvolle
Unterscheidung des Glaubens in „fides quae" und „fides qua" dazu
immer noch eine Vermutung geben könnte. Die Frage, die in diesem
Beitrag aufgeworfen werden soll, ist nicht unmittelbar eine nach dem
Wesen des christlichen Glaubens, sondern eine nach seiner Wirkweise.
Wie ist es möglich, Glaube und Ethik so weit auseinanderzudividieren,
dass die Verbindung von „Gesetz und Evangelium" (als dem einen Wort
Gottes, vgl. Barmer Erklärung von 1934) auseinanderzubrechen droht?
Wie kann es sein, dass „die Gottlosen" (Barth) häufig so viel präzisere
und weiterführende Analysen der politischen Ökonomie zu leisten
imstande sind als das „fahrende Gottesvolk"? Und weiter: wenn denn
das Auseinanderfallen von Gesetz und Evangelium als Bedrohung von
ChristInnen gesehen wird und Maßnahmen dagegen in radikaler Weise
dazu angedacht und ergriffen werden sollten, warum dann immer noch
nur von einer verschwindenden Minderheit in den Kirchen? Diese letzte

---

5 Nun ist dies bei Barth und Bultmann auch keineswegs geschehen, es gibt allerdings Tenden-
zen, gerade in der Anfangszeit der Dialektischen Theologie, wo Barths „senkrecht von oben"
jenseits der Dialektik von Zeit und Ewigkeit, als erratische Einsamkeit in der theologischen
Landschaft stand.

Frage ist eine Frage an Christinnen, an Nicht-Christinnen und an uns, das MAK, selbst: Sind wir als politisch aktive Christinnen nicht dazu in der Lage, willens oder ermächtigt, mit der Kritik am Kapitalismus und ebenso mit der Kritik an der bloßen Verteilungsgerechtigkeit uns Gehör zu verschaffen? Und dann noch einmal weiter die von uns zu stellende Frage, warum *wir* und andere dazu nicht in der Lage sind oder sein könnten. Dies ist eine Selbstkritik, *nicht* um der Selbstkritik oder um irgendeines vorauseilenden Gehorsams willen, sondern aufgrund unserer Verantwortung als Christenmenschen in dieser schwierigen Welt, die offenbar nur schwer zu bewahren ist. Es ist dies eine Frage, die letztlich kreisen muss um den Zusammenhang von Gesetz und Evangelium, wie ihn in der Kirchengeschichte der Apostel Paulus und der Reformator Luther wohl am klarsten und schärfsten herausgestellt haben.

Meine These lautet: Der Zusammenhang von Gesetz und Evangelium oder auch der Zusammenhang von Theologie und Politik ist auch innerhalb weiter Teile der Befreiungstheologie nicht zureichend begriffen worden. Letztlich ist die Frage nach diesem Zusammenhang die Frage nach dem tragfähigen Grund allen Seins und allen Glaubens. Sie wird christlich – in aller Regel auch in den verschiedenen christlichen Befreiungstheologien – mit „Gott" wiedergegeben bzw. als Wort Gottes, also in und mit Jesus Christus. Sofort im Anschluss daran ergibt sich die Frage eines Mannes der Bekennenden Kirche, Martin Niemöller: „Wer ist Jesus für uns heute?" Diese Frage ist auch den Befreiungstheologien bekannt und wird gestellt. Theologisch wie existenziell – individuell wie sozial – für die Seele wie für die Politik. Was ist die Antwort, befreiungstheologisch? In aller Regel sind es „die Armen", die mit Jesus identifiziert werden. Diese Antwort wird bereits in der Bibel diskutiert: „Arme habt ihr allezeit" (Joh 12,8), aber auch innerhalb der Befreiungstheologie ist darüber seit der „notificatio" von Papst Benedikt XVI. an die Adresse von Jon Sobrino, Theologieprofessor aus El Salvador, heftig diskutiert worden. Ist Jesus identifizierbar mit „den Armen" und wenn ja, auf welche Weise genau?[6] Zu dieser Frage werde ich weiter unten noch Stellung nehmen. Zunächst soll es aber

---

6   Hierzu das sehr instruktive Buch von Weß 2011, in dem es um genau die angesprochene Identifizierung geht und um mögliche Perspektiven für eine aktualisierte Befreiungstheologie in Lateinamerika und weltweit.

noch einen Schritt zurückgehen: Wer ist Jesus für uns heute? Diese
Frage wird nicht ersetzt, aber ist in der Gefahr, durch die Frage nach
der Ökonomie, genauer durch die Frage nach der Kritik der politischen
Ökonomie überdeckt zu werden. Sie wird nicht gänzlich *an ihre Stelle*
gesetzt, da sie nicht gänzlich zu ersetzen ist, aber sie gerät aus dem
Mittelpunkt der theologischen Fragestellung. Daran schließt sich die
Frage an, warum diese Verschiebung der Prioritäten erfolgt ist und wie
die Gründe dafür historisch und theologisch zu erklären sind. Das ist
deswegen so brisant, da genau dieser Vorwurf der Befreiungstheologie
bereits in den 1980er Jahren durch die Glaubenskongregation des Vatikan
(mit dem Kongregationsvorsitzenden Kardinal Ratzinger, dem zurück-
getretenen Papst Benedikt XVI.) gemacht wurde, wogegen sich damals
erbittert gewehrt wurde. Es ist die grundsätzliche Frage der Bestimmung
des Verhältnisses von Dogmatik und Ethik. Die Gefahr besteht nicht
erst seit der Neuzeit, dass der eine Bereich durch den anderen ersetzt
bzw. verdeckt wird. Es ist auf eine dialektische Verhältnisbestimmung
zu rekurrieren, die Parteilichkeit und Widerstand gegen das herrschende
kapitalistische System gerade *so* zulässt oder herbeiruft. Die ethische
Frage ist - nicht zuletzt durch Karl Barth - aufs engste verknüpft mit
der dogmatischen. Insofern ist es theologisch geboten, sich über Wirtschaft, Politik und Gesellschaft sachkundig zu machen und so zu der
„Angemessenheit" bzw. der Parteilichkeit zu kommen, die Jesus auch
von seinen Jüngern forderte: „Ihr könnt nicht Gott dienen und dem
Mammon." (Mt 6,24)

Im nun folgenden Abschnitt werde ich die These, dass in der Befreiungstheologie der Glaube gegenüber den ökonomischen Verhältnissen
die Priorität verlor, entwickeln und sie zum Ausgangspunkt einer kritischen wie selbstkritischen Betrachtung über das MAK machen.

3. Ökonomie als Stellvertreter für Theologie – eine Kritik

Die Rolle der Ökonomie als Wissenschaft und als Ideologie ist heute
von kaum zu überschätzender Bedeutung. Sie beeinflusst die ganze
Welt, nicht nur die Gegenwart, sondern auch ihre Zukunftsperspektive.

Es geht in der Ökonomie (von griechisch „oikos"= „Haus, Hauswirtschaft") zunächst um Analysen und Methoden der Bewirtschaftung, also letztlich um die Lebens(er)haltung eines Landes oder einer Region. Darüber hinaus ist im Zuge der materiellen Gewährleistung von (Über-) Leben die ideelle Grundlegung der Gesamtstrategie von Ökonomie gefragt. Diese wird bewusst oder vorbewusst auch geliefert, allerdings für das Alltagsbewusstsein nur recht rudimentär oder eben in „notwendig verkehrter Form." Es ist keineswegs nur Mittel zum Zweck, was uns heute als Ökonomie begegnet. Sie ist keineswegs nur funktional, beschreibend oder gar neutral zu sehen. Und es ist keineswegs mehr ausreichend, ökonomische Fragen lediglich im Sinne einer Naturrechtslehre (philosophisch), einer Soziallehre (katholisch) oder einer Schöpfungsordnungslehre (protestantisch) zu behandeln oder zu beantworten. Die gegenwärtige, hochkomplexe und hochdifferenzierte Welt erfordert andere Herangehensweisen, andere Methoden, andere Strategien.

Diese andere Strategie zeigt sich in einem Zweischritt: Zunächst wird hier nach dem Verhältnis von Ökonomie und Ökonomiekritik gefragt, bevor in einem zweiten Abschnitt die zweite Kritik, die Theologie, nach ihrem Verhältnis zur ersten Kritik, Ökonomiekritik, gefragt werden kann.

3.1 Ökonomie und Ökonomiekritik

Die größer gewordene Komplexität ist aber nur die eine Seite der Medaille. Die andere ist die, dass im bestehenden Wissenschaftsbetrieb nicht-neutrale, nicht rein funktionale Ansätze nahezu selbstverständlich ausgeschlossen sind. Dies gilt als wissenschaftsförderlich, als „intellektuelle Redlichkeit" (Max Weber), hinter die man keineswegs zurückfallen dürfe. Die tiefe Ideologiehaftigkeit solcher Positionen bleibt unerkannt wie unbenannt, da Ideologiekritik häufig genug unbequem ist oder politisch denunziert wird als „überholt" oder „unsachlich".

Das bedeutet: Das Erbe der ökonomischen Gründerväter der Moderne, Adam Smith und David Ricardo, bleibt bestehen und zeigt Wirkung. Denn auch diese waren polemisch gegen ihre Kritiker. Zugleich waren dieselben Gründerväter bereits um vieles differenzierter und philosophischer als ihre Epigonen. Die Schule eines Milton Friedman und

Karl Popper war – vermutlich zum letzten Mal für lange Zeit – wie die Gründerväter ideologisch klar und bewusst, wandte sich allerdings gegen die wissenschaftliche Todsünde „Dialektik", da diese Methode für Unwissenschaftlichkeit und Vorspiegelung falscher Tatsachen in einem stünde. Inzwischen aber ist man von der Polemik eines Popper weit entfernt. Der vorherrschende Monetarismus im System Neoliberalismus setzt den Wert und den Preis einer Ware unwidersprochen in eins und interessiert sich lediglich für die Resultate des Verkaufsablaufs, damit für die reinen Marktpreise. Der jeweilige Erfolg oder Misserfolg wird konstatiert, an den immer gleichen Variablen (dem „magischen Viereck") durchgespielt und „analysiert", aber die Wirkursachen von Wert- und Preisbildung, die Frage nach Verteilungsgerechtigkeit oder gar System-Fragen bleiben rigoros außen vor. Diese seien entweder unwesentlich oder sinnlos. Hier habe man lediglich die Wahl zwischen Skylla und Charybdis,[7] also die Wahl zwischen zwei Übeln.

Doch untersuchen sollte man vor allem die Position Poppers.[8] Angebliche Objektivität, angebliche Unhinterfragbarkeit von Theoremen wie „Angebot und Nachfrage" und „Grenznutzenmaxime" und eine nur schlecht verhüllte Arroganz, *die* wahre Lösung ökonomischer Theoriebildung erreicht zu haben[9], bildeten eine unheilvolle Allianz. Die neoliberale Ideologie zeigt hier ihre ökonomietheoretische Seite. Es sind die sattsam bekannten Standards und anthropologischen Konstanten wie „der Mensch, ein Mängelwesen", „Kampf um die Ressourcen" bis hin zu sozialdarwinistischen Annahmen, die zu einer Anti-Utopie gerinnen, welche in ökonomiegeschichtlicher Hinsicht ihresgleichen sucht. Bei Popper sollte man die Kenntnis der Marx'schen Ökonomie- und

---

7 Diese häufig verwandte Erinnerung an die griechische Mythologie wird u.a. bei Horkheimer & Adorno 1988 [1944], gebracht. Es ist die Erinnerung an eine dilemmatische Situation, in der man nicht das Gute, sondern immer nur das weniger Schlechte tun kann.

8 Dies tat u.a. Franz J. Hinkelammert (1994), der sehr präzise die vorausgesetzte Ebene bei Popper herausarbeitet, von der dieser dann sämtliche utopische Ansätze zwischen Plato, Hegel und Marx kritisieren zu können meint. Er stellt diese Ebene sehr klar heraus und kann m.E. nachweisen, dass auch Popper einem bestimmten Utopieverdacht nicht entkommen kann, nur ist dies keine gesellschaftskritische, sondern gesellschaftsaffirmative Utopie: die des selbstorganisierenden, profitorientierten Neoliberalismus.

9 So Popper in einem Interview aus einer Dokumentation über ihn, vgl. http://www.wienerzeitung. at/nachrichten/kultur/medien/183024_Sir-Karl-Popper-Kaempfer-gegen-den-Totalitarismus.html, letzter Aufruf: 24.7.2017.

Wertkritik voraussetzen, aber auch hier werden lediglich Bruchstücke herausgezogen, bewertet, z.T. sogar für richtig befunden, andere, vor allem was die politischen Schlussfolgerungen angeht, strikt abgelehnt.[10] Die auf Popper fußenden Ökonomietheorien erreichen eine weite Bandbreite hinsichtlich der Kenntnis kritischer Theorien wie auch der Anwendung konkurrenzorientierten Vokabulars und eben solcher Denkansätze.[11]

Hier ist immanente Kritik außerordentlich dringlich. Es geht um die Ausgangsvoraussetzung neoliberaler wie neokonservativer Ökonomietheorie, die zugleich den Kern der Vorstellungen umfassen: eine unbegriffene „negative Utopie" (Hinkelammert). „Survival of the fittest" wird als Allgemeinwohl deklariert, als das Beste in einer Welt, die ansonsten undurchschaubar und chaotisch ist. Eine immanente Kritik ist jedoch noch nicht ausreichend, sie benötigt, um auf den Punkt zu kommen, eine Metakritik, also eine Begründung der inneren Widersprüchlichkeit des Kapitalismus, die nicht zufällig ist.

Es geht a) um Konfrontation mit anderen, in erster Linie marxistischen Ansätzen (Werttheorie, Mehrwert, Profit, Inflation, Deflation, Investitionen, Kaufkraft, Wechsel- und Börsenkurse) und b) um – metatheoretisch – den Vergleich der Denkvoraussetzungen der konfrontierten Ansätze. Zentral sind hier philosophische Fragen wie die nach dem Subjekt-Objekt-Zusammenhang, nach Intersubjektivität und nach der Gesellschaftlichkeit überhaupt und ihrer Erkennbarkeit im speziellen. Ökonomiekritik hat sich hier in einen immanenten und einen metatheoretischen Part zu differenzieren. Dennoch reicht auch das noch nicht aus. Metatheorie greift nach Letztbegründung, nach einer letzten Ursache. Dass dies nicht mehr der ontologische oder kosmologische Gottesbeweis sein kann, ist in Philosophie und auch Theologie meistenteils unbestritten. Dennoch gibt es so etwas wie „letzte Instanzen", die bewusst oder vorbewusst den eigenen Theorien vorgeschaltet sind. Dem popperianischen Gedankengebäude steht m.E. eine bestimmte Grundannahme von Vernunft und von Vernunftzukunft voran. Es geht um das, was der Soziologe Max Weber als „Zweckrationalität" bezeichnet hat, was später daraufhin Max Horkheimer und Theodor W. Adorno als

---

10 Popper 1992.
11 Vgl. die Arbeiten von Hans Albert und die Börsentheorie von George Soros, Finanzmakler und Milliardär.

„instrumentelle Vernunft" bezeichnet haben.[12] In bestimmter Hinsicht kann man von Zweckrationalität als von einer „Quasireligion" sprechen. Zweckrational ist das Alltagsdenken, aber auch das wissenschaftliche Denken. Man hat als Zweckrationalist einen unschätzbaren Vorteil: man muss nicht mehr zwischen beidem, dem Alltagsdenken und dem Wissenschaftsdenken, vermitteln. Und Zweckrationalität wird nicht weiter hinterfragt, und falls doch, hat das kaum Auswirkungen.[13] Die Kritik von Zweckrationalität ist letztlich eine Kritik der Alltags- wie der wissenschaftlichen Vernunft. Es ist zugleich eine Kritik der letzten Instanz – und wird so zur Religionskritik.

Marx hat in seiner Frühzeit die Religionskritik als für erledigt betrachtet und die Kritik der Politik, später die Kritik der politischen Ökonomie an deren Stelle gesetzt. Er sah Religion am Ende – und verwechselte doch „Für-wahr-Halten" mit „Glaube" und diesen wiederum mit „Religion".[14] Dennoch hält diese (nicht vollendete) Religionskritik die Zukunft offen. Anders jedoch als die Popper'sche Variante, die sich hinter einer vorgeblich „offenen Gesellschaft" als spektakulär anti-utopisch und damit totalitär undynamisch versteckt. Auch Popper antizipiert Zukunft, auch er hat einen Zeitentwurf. Dieser sieht jedoch eine abstrakte Gleichheit aller vor, die insgeheim vom Wertgesetz dominiert ist, einer Tatsache, derer sich Popper nie ganz bewusst war. Das Wertgesetz macht alle Handelnden gleich. Seine Polemik gegen die Dialektiker und Utopiker Plato, Georg Wilhelm Friedrich Hegel und Karl Marx hat einige gute Argumente, wenn es um die starre Anwendung solcher Theorien geht (Sizilien als Beispiel einer philosophischen Republik bei Plato, der Ostblock als Negativfolie bei Marx). Aber er greift die ganz andere Zukunfts*möglichkeit* einer marxistischen Analyse nicht auf, da er sie für erledigt hält. Popper sieht Zukunft nur als „demokratischen Kapitalismus", bestenfalls als soziale Marktwirtschaft. Dass die Grundfesten auch dieser sozialen Marktwirtschaft gegenwärtig zu verschwinden drohen, ahnte Popper damals noch nicht. Wäre er in

---

12 Weber 1921/22: §2 Bestimmungsgründe sozialen Handelns; Horkheimer & Adorno 1988 [1944], Untertitel: Zur Kritik der instrumentellen Vernunft.

13 Vgl. Marcuse 1978.

14 Kaum jemand hat hier so scharf unterschieden wie Karl Barth, der leider die Marx'schen Implikationen der Religionskritik nur sehr rudimentär aufnahm, vgl. Plonz 1995.

der Analyse seiner Grundvoraussetzungen gründlicher gewesen, hätte er diese Ahnungslosigkeit vermeiden können.

3.2 Theologie und Ökonomiekritik

Die Bedeutung und Notwendigkeit marxistischer Ökonomiekritik ist deutlich herausgestellt worden. Zugleich ist festgestellt worden, dass die Marx'sche Religionskritik zwar so richtig wie messerscharf, aber nicht hinreichend ist. Marx verwechselt, vereinfacht gesagt, „Glaube" mit „Religion". In seiner Auffassung ist „Religion" lediglich das ideologische Amalgam, das die verkehrten gesellschaftlichen Verhältnisse zusammenhält und alle Abweichler denunziert oder aussortiert. Dies ist in seiner Luzidität und Schärfe unübertroffen. Dennoch muss mit eben solcher Unerbittlichkeit auch bei Marx nachgefragt werden – und damit auch bei der die marxistische Kritik mittragenden Befreiungstheologie: Was ist die Grundlage, die Rechtfertigung einer solchen Kritik der bestehenden Verhältnisse? Wie soll es denn sonst aussehen in unserer Welt, der Ökonomie, den Besitzverhältnissen, dem Gemeinwesen? Und „das andere" auf welcher Grundlage? Freiheit, Gleichheit, Brüderlichkeit/Geschwisterlichkeit? Das sind Ideale der beginnenden Moderne, die lange entlarvt bzw. dekonstruiert worden sind, die keine Zukunft mehr zu versprechen scheinen, ja, dies gar nicht können. Müssen sich der Marxismus und damit die Befreiungstheologie nicht fragen lassen, woran sie denn „ihr Herz hängen", was denn ihr Gott sei?[15] Und was ist, wenn das dann nur persönliche oder kollektive Unzufriedenheit oder Nicht-weiter-Wissen ist? Das wäre zunächst überhaupt nicht zu beanstanden, denn Unruhe kann heilsam und verändernd wirken. Aber sie kann auch zerstörerisch wirken, gerade wenn man sich nicht mehr beruhigen kann, selbst wenn beispielsweise Dinge und Umstände sich verändert haben. Worauf beruht letztlich die marxistische Vision von der Gleichheit aller Menschen, von der Freiheit, von der zwanglos verbundenen Assoziation freier Menschen?

---

15 Fragen, die auch auf einer CfS-Veranstaltung in München 2010 gestellt wurden, und zwar durch die ReferentInnen Nancy Cardoso, Dick Boer und Kuno Füssel. M.E. blieben diese Fragen jedoch – bis auf einen kurzen Ausblick Kuno Füssels – unbeantwortet.

Immanent ist die marxistische Kritik an den bestehenden Verhältnissen grundlegend, gut belegt und sinnvoll. Es geht um die Kritik dessen, was politisch, ökonomisch und religiös der Fall ist. Dass das, was der Fall ist, notwendig falsches Bewusstsein produziert, ist *eine* Pointe marxistischer Gesellschaftskritik. Aber was wird aus dieser Pointe, wenn man nach der *Grundlage* dieser Kritik fragt? Die Pointe wird zur Leere, nicht aber zur Lehre. Wäre letzteres überdies der Fall, droht Marxismus als Politik diktatorisch, zwanghaft, unfrei zu werden. Denn die Leerstelle der Grundlagenbegründung ist nicht bekannt, wird aber benötigt und muss gefüllt werden. Und da ist der Marxismus gar nicht anders als andere philosophische „-ismen": Er verfällt ins andere Extrem, gibt sich selbst als Grundlage und wird notwendigerweise unmenschlich.[16] Dies herausgestellt zu haben, ist u.a. das Verdienst des christlichen Sozialisten Helmut Gollwitzer.[17]

Auch das MAK in Göttingen hat sich mit dieser Frage beschäftigt, ohne allerdings über Problemanzeigen hinausgekommen zu sein.

Welches Element fehlt dem Marxismus bzw. der Konzeption des Marxismus seit dem „Kapital"? Die immanente Kritik am Bestehenden ist Chance, möglicherweise aber auch Fluch. Die sozioökonomische Kritik ist notwendig und berechtigt, aber es fehlt die Grundlage dieser Kritik. Der Fluch besteht darin, dass die immanente Kritik Freiheit ermöglicht wie verunmöglicht. Es fehlt das transzendente Element, das theologische, das des Glaubens, das jede Religion noch einmal zu kritisieren wagen darf. Es ist der Glaube, dass diese Welt nicht nur veränderbar ist, sondern dass sie in sich und für sich gut ist, gut gemeint, gedacht ist. Dass die Vergangenheit, Gegenwart und Zukunft dieser Welt etwas urtümlich und zutiefst Gutes in sich tragen und dass der Mensch im Rahmen dieses Guten, dieser guten Schöpfung sich verstehen kann, ja verstehen sollte. Doch reicht wissenschaftlich gesehen eine solche Grundannahme noch nicht aus, sie muss eingebaut werden in eine Argumentationskette, eine Argumentationsstruktur. Es geht a) um den Status dieses „Gutseins" und b) um die dialektische Verfasstheit dieses Status.

---

16 Jedenfalls zeigt das die Erfahrung wie z.B. bei der Sowjetunion, den Roten Khmer in Kambodscha, Mao in China über weite Strecken und auch einige sozialistische Befreiungsbewegungen in Lateinamerika, wie beim peruanischen Sendero Luminoso.
17 Gollwitzer 1988.

a) Zum Status: Dass der Mensch, die Erde, die Welt gut sei oder gar „die beste aller möglichen Welten" (Leibniz), ist eine Kernthese philosophischen Denkens.[18] Doch bleibt diese Kernthese in letzter Instanz eine These - unbewiesen, unbeweisbar. Um sie zu beweisen, gab es im Mittelalter die o.a. Gottesbeweise (ontologisch, kosmologisch u.a.). Diese sind im Laufe der Jahrhunderte immer individualistischer, subjektiver geworden. Nun ist es das eigene Selbst, das Ich, das selber gut sein muss, um die Güte der Welt oder Güte überhaupt beweisen bzw. erst einmal zeigen zu können. Das ist eine innere und äußere Kraftanstrengung, die gelegentlich übrigens zu einem gewissen Erfolg führt und die zu beweisende These dann - scheinbar - bestätigt. Der philosophische Status des „Gutseins" und der Veränderbarkeit der Welt „zum Guten hin" bleibt notwendigerweise unentschieden, prekär. Unbewiesen und - unbeweisbar. Offenbar nur aus dem Menschen in den Menschen hineinzudenken, hineinzuprojizieren.

b) Zur Dialektik dieses Status: So kommt es letzten Endes zum Gegensatz von philosophischer Beweisanstrengung und religiösem Glauben.[19] Theologisch könnte man folgendermaßen formulieren: Die Antithetik von Gesetz und Evangelium (als den beiden Seiten des einen, untrennbaren Wortes Gottes) kann und darf nicht einfach übersprungen werden. Nicht wir selber machen im Ursprung diese Welt gut, sondern sie ist von Gott gut geschaffen worden. Nicht wir sind der Ursprung des Guten, sondern Gott allein. So wissen das Christinnen und Christen, wohl auch andere Religiöse, im Glauben, der genauso wenig gemacht und feilgeboten werden kann wie eine gute Welt. Andererseits: genauso wenig dürfen Gesetz und Evangelium auseinandergerissen werden, worauf v.a. Karl Barth immer wieder eindringlich hingewiesen hat.[20] Es kann eben niemals um eine *bloß einseitige* Antithetik gehen, die einerseits einen Gott des Evangeliums und einen Gott des Gesetzes glaubt (so Marcion im 2. Jahrhundert).

---

18 Natürlich gibt es auch die Gegenthese und unterschiedliche Vermittlungen beider Thesen. Hier soll es jedoch um die Begrenztheit jeglichen Philosophierens gehen, das notwendig - als Denken - auf sich selbst bezogen bleiben muss und auf ein „extra nos" lediglich postulativ oder lebenspraktisch verweisen kann. *Philosophia ancilla theologiae?*

19 Dieser Gegensatz spielte wohl bei den beiden Kirchenvätern Paulus und Luther die überragende Rolle, die er kirchengeschichtlich längst nicht immer hatte.

20 Barth 1993: III 4, §52 Ethik als Aufgabe der Lehre von der Schöpfung.

Beides, Gesetz und Evangelium, das Tun und das Empfangen, sind eindeutig und immer streng aufeinander zu beziehen.

So wäre ein Doppeltes erreicht:

a) die Unterscheidung von Gesetz und Evangelium,
b) die *Aufeinander-Bezogenheit* von Gesetz und Evangelium.

Beides erst kann christlichen Glauben in wirklich angemessener Weise beschreiben. Und *beides* erst erfüllt die dogmatische Aufgabe eines christlichen Theologen. So dass sich die Freiheit des Glaubens zeigen und entwickeln kann. Frei von einem letzten Anstrengungszwang, frei zu einer wahrhaft freien, menschlichen Gesellschaft. Einer Freiheit, die weder Begriff noch Sache der „strukturellen Sünde" (*stoicheia tou kosmou*) noch deren weltlich-marxistischer Analyse zu scheuen braucht. Die frei ist für Glaube aus Glaube und frei ist für den Marxismus als gesellschaftlicher Analyse und weltlicher Handlungsweise, bereit dazu, denselben aus seiner verkürzten Religionskritik zu befreien. Diese Freiheit des Glaubens kann die Grundlage für eine prophetische Ökonomiekritik legen, bei der kein Stein des kapitalistischen Götzentempels auf dem andern bleiben kann und wird.

Diese Diskussion wird weder im MAK noch anderen kirchlichen Kreisen und Gruppierungen zureichend geführt. Die Diskussionen beschränken sich – auch dies ist gesellschaftlich bestimmt – auf den Austausch der jeweils entgegengesetzten Weltbilder und Analysen. So ist die doppelte Dialektik von Gesetz und Evangelium dogmatisches Urgestein. Sie hilft aber auch, um eine politische Analyse und Veränderbarkeit radikal vorzunehmen und anzuwenden. *Terminus a quo* und *terminus ad quem*: von wo man bestimmt wird, wohin man bestimmt wird – sowohl lebensgeschichtlich wie kategorial. In dieses Lebens- und Denkgefüge hinein wird die doppelte Dialektik von Gesetz und Evangelium gesetzt und damit zum Leuchten und zum Wirken gebracht. Und dies geschieht nicht um eines theologischen Glasperlenspiels willen, sondern um den Bewahrungs- und Gerechtigkeitsanspruch Gottes an uns zu erfüllen. Gesetz und Evangelium gehören unterschieden wie aufeinander bezogen. Dies gilt genauso für Rechtfertigung und Heiligung – und ebenso für Dogmatik und Ethik. Diese Erkenntnisse sind historisch und gesellschaftlich in persönlicher wie kollektiver und wissenschaftlicher Verantwortung neu und konkret zu formulieren und in einem Geist der unverbrüchlichen Solidarität mit den Armen, Unterdrückten und scheinbar Gottverlassenen zu wagen und theologisch wie politisch einzusetzen: dies ist auch heute das Gebot der Stunde. Es gilt eben beides: Röm 1,17 „Der Gerechte wird aus Glauben leben." (ein Zitat aus Habakuk 2,4) und Mt 5,17 „Denkt nicht, ich sei gekommen, die Tora und die prophetischen Schriften außer Kraft zu setzen! Ich bin nicht gekommen, sie außer Kraft zu setzen, sondern sie zu erfüllen."

4. Ausblick

Es ist von jeher eines der großen theologischen Probleme gewesen, Dogmatik und Ethik, Rechtfertigung und Heiligung in ein angemessenes, ein biblisches, ein jüdisches, ein jesuanisches Verhältnis zu setzen. Die jeweils konkreten Ansätze zur Lösung dieser Probleme sind nicht vorherzusagen, sie ergeben sich aus den jeweiligen Situationen, Konstellationen und Notwendigkeiten. Gegenwärtig, so scheint mir, stehen zwei Universalansprüche konkret wie abstrakt einander gegenüber: einerseits der Anspruch der Religionen (von CfS aus gesehen, der Anspruch des „NAMENS"), den Menschen als Gottes geliebtes Geschöpf erkennen und anerkennen zu können. Andererseits der universalhistorische Anspruch des Kapitals, durch die Verwirklichung der „Selbstverwertung des Wertes" die Glücksverheißung des Götzen des Geldes durchzusetzen. Dieser Anspruch ist nicht nur konkret und nicht nur abstrakt wahrzunehmen, also von ihm zu profitieren und/oder unter ihm zu leiden. Dieser Anspruch ist als ganzer exakt das, was bereits Karl Marx als „Realabstraktion", als „das Ganze der verrückten Formen" erkannte. Marx hat die unendliche Emanzipationskraft des jüdisch-christlichen Glaubens, der auch durch den Tod nicht aufzuhalten ist, nicht adäquat wahrgenommen, vielleicht auch nicht wahrhaben wollen. Das Jesuanische und das Marxische in einen der Gegenwart angemessenen Konstitutionszusammenhang zu stellen, ist beileibe nicht nur das Anliegen des zahlenmäßig kleinen Arbeitskreises MAK Göttingen. Es ist etwas, was viele in der immer noch bestehenden, immer noch notwendigen basischristlichen Bewegung ChristInnen für den Sozialismus (und anderswo) als Zuspruch und Anspruch (Helmut Gollwitzer) erblicken können. Dieser Blick geht nach innen wie nach außen. Er wird weiter notwendig sein, denn er ist tiefer als der Blick der bisherigen Geschichte, als der Blick der philosophischen/alltäglichen Allgemeinplätze und als der Blick aller noch so verständlichen Resignation. Es ist der Blick der Auferstehung, wie wir sie – mitten im Leben – jetzt schon unglaublicherweise erleben können. *Hasta la victoria siempre* – immer bis zum Sieg – des Lebens über den Tod!

Literatur

Barth, Karl (1993): *Kirchliche Dogmatik.* Zürich (Studienausgabe).

Gollwitzer, Helmut: *Umkehr und Revolution.* 2 Bde. (hgg. von Christian Keller: *Ausgewählte Werke in 10 Bänden,* Bde. 6 & 7), München 1988.

EKD – Evangelische Kirche in Deutschland (1993) (Hrsg.): *Fremde Heimat Kirche. Ansichten ihrer Mitglieder.* o.O.

Hinkelammert, Franz J. (1994): *Kritik der utopischen Vernunft.* Luzern.

Höhn, Hans-Joachim (2012): *Fremde Heimat Kirche. Glauben in der Welt von heute.* Freiburg i.Br.

Horkheimer, Max, & Theodor W. Adorno (1988 [1944]): *Dialektik der Aufklärung.* Frankfurt a.M.

Marcuse, Herbert (1978): „Repressive Toleranz". In: Wolff, Robert Paul; Barrington Moore & Herbert Marcuse: *Kritik der reinen Toleranz.* 9. Aufl., Frankfurt a.M., S. 91-128.

Popper, Karl (1992): *Die offene Gesellschaft und ihre Feinde.* 2 Bde., Tübingen.

Plonz, Sabine (1995): *Die herrenlosen Gewalten.* Mainz.

Schäfer, Heinrich (2009): „Pfingstbewegung – sozialer Wandel und religiöser Habitus". In: Bertelsmann-Stiftung (Hg.): *Woran glaubt die Welt?* Gütersloh, S. 553-608.

Weber, Max (1921/22): *Wirtschaft und Gesellschaft.* Tübingen.

Weß, Paul (2011): *Gott, Christus und die Armen. Eine Rückbesinnung auf den biblischen Glauben als Beitrag zur Lösung des Konflikts in der Befreiungstheologie.* 2. Aufl., Münster.

Im Mittelpunkt des CFS-Intensivseminars „Kampf und biblische Inspiration" stand im Jahr 2010 das Buch Erlösung aus der Sklaverei von Dick Boer (Münster 2008). Dabei konzentrierten wir uns auf die Frage, wie wir die Hoffnung auf Überwindung des Kapitalismus bewahren und bewähren können, wo doch dieser uns nicht rein äußerlich ist, sondern in uns steckt. Dieser Frage gehen auch die Texte „Kampf und biblische Inspiration. Trotz alledem: kein Tohuwabohu, sondern Schöpfung" und „Kampf und biblische Inspiration: Paulus" nach, die Boer für das Intensivseminar verfasst und dort vorgetragen hat. In seiner Lektüre der ersten Schöpfungserzählung (Gen 1) spürt er das „Trotz alledem" auf, indem er zeigt, dass diese Erzählung aus der Perspektive einer Niederlage: des „babylonischen Exils" Israels seit 534 v Chr., auf ein Ende der Sklaverei und der Schinderei hofft. Sie formuliert die Zuversicht, dass die Schöpfung des Gottes Israels einfach nur „gut", sogar „sehr gut" ist. Zugleich erinnert sie daran, dass Israel nicht in dieser Schöpfung lebt, sondern aus ihr vertrieben ist. Den Weg dahin, dass die Schöpfung sich als gut erweise, weist die Tora.

In einer völlig anderen Situation steht der Apostel Paulus: Das Imperium Romanum machte die Befolgung der Tora Israels zu einem Problem. Es war ökonomisch, politisch und ideologisch hegemonial. In dieser Situation hält der Apostel einen militärischen Aufstand gegen Rom, der sich bereits 50 n. Chr. abzeichnete: den judäisch-römischen Krieg, für falsch. Dieser Krieg verwüstete 68-73 n. Chr. die damaligen Imperiums-Provinzen Judäa und Galiläa und führte 70 n. Chr. zur Zerstörung Jerusalems und des zweiten Tempels. Gleichwohl bleibt der Apostel der Tora Israels treu, erkennt aber auch, dass die „Tora" Roms ihm nicht rein äußerlich, sondern in ihm ist: ihn veranlasst, das Böse, das er nicht will, zu tun, und das Gute, das er will, zu lassen. Zugleich sieht er sich mit Spannungen konfrontiert, die innerhalb seiner messianischen Gemeinden einerseits zwischen Beschnittenen (Jüdinnen/Juden) und Nicht-Beschnittenen (Gojim, Völker, Nichtbeschnittene), andererseits zwischen Reicheren und Ärmeren verlaufen. Vor diesem Hintergrund möchte er zu einer neuen Allianz zwischen Beschnittenen und Gojim kommen, sodass der neue Weg seiner Gemeinden sich nicht als das Ende, sondern als die Erfüllung der Tora Israels erweist. In diesem Sinne entdeckt Boer auch bei Paulus ein „Trotz alledem": Rom wird nicht das letzte Wort der Geschichte des NAMENs mit Israel sein.

Dick Boer

Kampf und biblische Inspiration.
Trotz alledem: kein Tohuwabohu,
sondern Schöpfung

1. Trotz alledem! Das war das Thema des Jubiläumsseminars von 2003; und es war noch einmal das Thema des Intensivseminars von 2007. Wenn man schon nach vier Jahren das Bedürfnis hat dieses Thema zu wiederholen, dann stoßen wir offenbar auf so etwas wie eine Grundbefindlichkeit. Wir befinden uns in einer Situation, die immer wieder diese trotzige Aussage provoziert: trotz der erlittenen Niederlagen, trotz der Tatsache, dass innerhalb der Geschichte so wenig darauf hinweist, dass eine andere Welt als die verkehrte, in der wir leben, möglich ist – obwohl diese andere Welt so dringend nötig wäre.

Was aber bewegt uns dazu, uns mit dieser Situation nicht einfach abzufinden, die Welt, wie sie nun einmal ist, nicht als aller historischen Weisheit Schluss hinzunehmen, so gut, wie es geht, in dieser Welt einen Platz unter der Sonne zu finden und so wenig wie möglich im Regen zu stehen? Es liegt auf der Hand, in unserem Kreis zu sagen: Die Bibel bewegt uns dazu. Wir sollen das aber nicht zu schnell sagen. Denn offenbar bewegt die Bibel dazu nicht „von selbst". Viele verstehen ihre Botschaft geradezu als die Dämpfung aller Erwartung einer anderen Welt – die Welt ein Jammertal, ja, aber die Erlösung ist ganz woanders als in ihr zu suchen: im Jenseits oder in der Innerlichkeit. Man kann zwar in dieser Art, die Bibel zu lesen, noch den Protest gegen das wirkliche Elend hören, aber dieser Protest ändert nichts an der Tatsache, dass in dieser Welt das Heil nicht zu finden ist. Die Protestation ist faktisch Resignation, die Erlösung findet am Sankt Nimmerleinstag statt, bis dann müssen wir uns damit vertrösten, dass es keine Lösung gibt.

Ist es nicht vielmehr „etwas *in* uns", das es uns unmöglich macht, uns mit dem, was der Fall ist, zufrieden zu geben, das sich dagegen wehrt, dass es immer so weiter geht, immer das Auf und Ab einer sich letztendlich immer wiederholenden Geschichte, in der die kleinen Leute immer wieder die Dummen sind, ein „stilles Geschrei": Das kann doch nicht alles gewesen sein, oder ein Fluch: Gottverdammt noch mal, warum tut sich nichts, ändert sich nichts, hört das Elend nicht auf? Die Bibel selber erinnert uns an dieses „etwas": der Schrei der Kinder Israels im Sklavenhaus Ägypten, nach Befreiung, ein unartikulierter Schrei, sicherlich kein ordentliches Gebet. Es ist dieser Schrei, der den Auszug aus der Sklaverei in Gang setzt, indem er die große Erzählung provoziert, die bis in unsere Tage Menschen dazu inspiriert „trotz alledem" zu glauben, dass eine andere Welt möglich ist.

Ohne dieses „etwas in uns" hätte es diese große Erzählung gar nicht gegeben, wie aber auch umgekehrt dieses „etwas" auf eine Sprache angewiesen ist, die diesem „etwas", diesem „stillen Geschrei", diesem machtlosen Fluchen entgegenkommt. So wird das „etwas" kommunizierbar. Es entsteht eine Sprachgemeinschaft, deren Mitglieder einander etwas zu erzählen haben, das Mut macht. Wer den Mut verliert – und das wird immer wieder der Fall sein –, kann ermutigt werden: Höre doch, was gesagt worden ist, erinnere dich doch, wie Menschen, so verzweifelt, wie du es jetzt bist, ein Licht aufgegangen ist, das sie aus ihrer Verzweiflung hinausgeführt hat. Verdränge nicht deine Sehnsucht nach dem „ganz Anderen", gönne ihr ihre eigene Sprache, traue es ihr zu, gegen alles Augenscheinliche, zu sagen: trotz alledem!

Diese große Erzählung lässt sich nicht feststellen, ihre Faktizität ist kontrafaktisch: Sie spricht gegen die Tatsachen. Sie spricht die Sprache der Sehnsucht nach dem, was noch nicht ist und kann deshalb nur in der Sprache des Bekenntnisses ausgedrückt werden. Die Welt, wie sie ist, ist noch nicht, noch lange nicht, was sie sein kann und sein wird. Und es ist ein fatales Missverständnis, zu denken, Bekenntnis heißt: Feststellungen machen über das, was, wenn auch metaphysisch, objektiv so ist. Ohne die Sehnsucht, die in uns aufschreit, ohne ein Subjekt, das mit seinem Schrei etwas, vor allem sich selber in Bewegung setzt, ist die große Erzählung nicht zu haben. Sie verkommt dann zu einem „extra nos" – außer uns, außer unserer Welt, außer unserer Praxis –, welches das „trotz alledem" verniedlicht zu einer Erlösungsideologie, die die Welt nur noch religiös interpretiert statt sie zu verändern.

2. Jedoch, so steil „gegen die Tatsachen" sprechend, haben wir die Bibel nicht immer gelesen. In den 1970er Jahren wäre jedenfalls meine Antwort auf die Frage, wie die Bibel uns bewegt, eine andere gewesen. Die Exodus-Erzählung von der Befreiung aus der Sklaverei war das theologische Paradigma von Befreiungsbewegungen, die tatsächlich stattfanden. Die Aufgabe war, der Kirche klarzumachen, dass es ihre „missio" war, sich mit diesen Befreiungsbewegungen zu verbünden. Eine Theologie der Befreiung war nötig, die die Kirche an ihre „Option für die Armen" erinnerte – weil die Armen und nicht ein Gott der Metaphysik das Subjekt der Theologie sind. Das „Noch-Nicht" einer befreiten Welt war nicht bloße Utopie, sondern eine reale Perspektive.

Inzwischen sind gerade die real existierenden Befreiungsbewegungen zum Problem geworden. Wenn sie nicht, nicht zuletzt in Folge ihrer selbstverschuldeten Korrumpierung, zusammengebrochen sind, sind sie marginalisiert. Der Neoliberalismus hat gesiegt und siegt, trotz seiner offensichtlichen Krise – oder gerade deshalb – noch immer. Es ist zum Verzweifeln. Rein innerhistorisch gesprochen ist die Frage, die uns anficht: Hat die große Erzählung einer Befreiung aus den Verhältnissen, in denen der Mensch ein erniedrigtes, ein geknechtetes, ein verlassenes, ein verächtliches Wesen ist, eine reale Grundlage? Oder ist sie eine tragische Verkennung der Natur der Dinge und nicht zuletzt der menschlichen Natur? Wie soll sich das Weltall für die Sehnsucht des Menschen nach einer menschlichen Welt interessieren? Und was heißt menschlich in Anbetracht dessen, was Menschen einander antun?

Wie soll es uns da noch möglich sein, uns von der biblischen Exodus-Erzählung inspirieren zu lassen, wo eine wirkliche Befreiungsbewegung buchstäblich utopisch geworden ist, d.h., dass für sie in der wirklichen Welt „kein Ort" mehr existiert? Ist die Linke, auch die christliche, nicht in einem Exil gelandet, aus dem es keine Rückkehr, wie von den Propheten Israels dem Volk noch verheißen, geben wird? Gibt es eine große Erzählung, die dieser Exil-Erfahrung gewachsen ist, wo die Erzählung geschehener Befreiung uns so gründlich abhanden gekommen ist?

Meine These ist, dass gerade in dieser so aussichtslosen Exil-Situation die Erzählung von der Schöpfung entstanden ist. Sie geht der Erfahrung der Abgründigkeit der Wirklichkeit, so wie sie uns erscheint, auf den Grund. Sie erkennt die Erfahrung, dass Befreiung nur noch „extra nos", außerhalb der uns zugänglichen Welt, gedacht werden kann, grundsätzlich an – indem sie dieses „außerhalb" kreativ einsetzt, gleich „am Anfang". Dieses „am Anfang" hat zwar mit unserer Wirklichkeit zu tun, aber gerade nicht als die Bestätigung ihres So-Seins: So ist sie, so war sie auch und so wird sie also immer bleiben. Die Erzählung vom „Anfang" erzählt keine Geschichte, die verabsolutiert, was man sowieso schon sieht, sie bietet keine Welt-Anschauung. Denn was sie erzählt, widerspricht dem, worauf die sichtbare Wirklichkeit, wie wir sie tagtäglich erfahren, hinweist: für Befreiung entschieden nicht qualifiziert zu sein. Die chaotischen Verhältnisse, in denen wir leben, werden in der Schöpfungserzählung benannt, um direkt, „am Anfang", d.h. von Anfang an verworfen zu werden: das Tohuwabohu, das Chaos als Prinzip der herrschenden Weltanschauung.

Gegen diese Weltanschauung sagt die Schöpfungserzählung: Nein! Nicht das Tohuwabohu ist der Anfang aller Dinge, sondern: „Im Anfang *schuf* Gott den Himmel und die Erde." Das ist der Titel dieser Erzählung, das Vorzeichen von allem, was danach erzählt wird. Das Tohuwabohu erscheint zwar („die Erde aber war Tohuwabohu" – oder wie Buber übersetzt: „Irrsal und Wirrsal"), aber ihm wird sogleich widersprochen. Gott sprach: „Licht! Und es geschah: Licht!" *Creatio ex nihilo*, Schöpfung aus dem Nichts des alles vernichtenden Chaos.

Dass das so ist, kann man nicht sehen. Es ist ja gegen das Augenscheinliche gesprochen. Man muss es hören: die Stimme in uns, die sagt, das, was ist, nicht alles sein kann, hört eine Stimme, die ihr recht gibt. Anders als die andere Stimme, die uns einflüstert, dass wir uns keine Hoffnung machen sollen, dass unsere Sehnsucht eine kindische Illusion ist, die wir uns schnellstens abgewöhnen sollen.

Hören muss man den Widerspruch! Das „Gott sprach: Licht!" ist gesprochen gegen die Ideologie, die mit dem Tohuwabohu für die Herrschaft argumentiert: Immer droht das Chaos auszubrechen, wenn es keine starken Herrscher gäbe, die für Ordnung sorgen. Deshalb darf das Chaos nie endgültig überwunden werden, weil sonst ein Reich der Freiheit anbräche, das die Herrschenden überflüssig machte.

In diese Ordnung greift die Schöpfungserzählung ein. Sie schafft eine Ordnung, in der überhaupt keine von oben regierenden Ordnungsmächte mehr vorkommen, sondern es nur noch Menschen gibt. Der Schöpfer-Gott spricht: „Lasst uns Menschen machen!" Menschen! Nicht Götter, Kaiser oder Tribunen! Nach seinem Bild, in seinem Gleichnis: das Bild dieses Gottes ist der Mensch oder besser: die Menschheit. Denn der Mensch existiert in einer herrschaftsfreien Pluralität: männlich und weiblich, ohne jede Hierarchie. So darf der Mensch – Mensch sein.

Die Schöpfungserzählung ergreift Partei in einem ideologischen Kampf, in welchem es um das Ganze geht, um das, was das erste und das letzte Wort haben wird. Hat das Chaos-Prinzip das erste Wort, dann ist das Chaos auch unausweichlich die Perspektive: dass es in der Welt ordentlich zugeht, ist immer nur vorläufig, am Ende wird es immer Chaos geben. Was auch damit zu tun hat, dass die bisher herrschenden Ordnungen selber das Chaos hervorbringen, womit sie drohen. Das Schöpfungs-Prinzip dagegen läuft auf einen Sabbat hinaus: die Befreiung der Arbeit, die Gott sich gönnt, aber die er auch den Menschen gönnen wird: „Gedenke des Sabbattags, ihn zu heiligen. Sechs Tage wirst du arbeiten und tun, was du zu erledigen hast. Der siebente Tag ist ein Ruhetag." Das ist die Vollendung dessen, was die Schöpfung intendierte: *Vollendet* waren der Himmel und die Erde – *vollendet* hatte Gott am siebenten Tag seine Arbeit. Es klingt merkwürdig, denn am siebenten Tag ruht ja die Arbeit. Aber ohne diesen Ruhetag ist die Arbeit tatsächlich nicht vollendet. Schöpfung deutet hin auf eine befreite Menschheit – befreit vom Schrecken des Tohuwabohu, so frei nicht gegen-, sondern miteinander zu existieren.

Wenn wir von einer gottgewollten Welt sprechen wollen, dann ist es diese Welt. Es ist die einzige Welt, die in seinen Augen – oder sind es ihre? – gut, ja, nach der Erschaffung des Menschen, „sehr gut" genannt werden darf: „Gott sah alles, was er gemacht hatte: ja, es war sehr gut". Gut ist also nicht die Welt, wie sie ist. Das ist das große Missverständnis Ernst Blochs, der den Schöpfungs-Gott gegen den Exodus-Gott aus-spielt: der Gott des Status Quo gegen den Gott der Befreiung aus der Sklaverei. Er liest das „am Anfang" als den Anfang der herrschenden Ordnung, aus der der Exodus befreit, und das „sehr gut" als die göttliche

Sanktionierung des Bestehenden. Denn er überhört das Nein gegen das Tohuwabohu, womit die Herrschaften ihre Herrschaft aufrechterhalten. Aber das hat vor ihm die Kirche schon getan, die mit den sogenannten „Schöpfungsordnungen" der Revolution den Kampf ansagte. Wie hätte Bloch dann noch hören können, dass die Schöpfungserzählung gegen die herrschende Ordnung für die Revolution spricht?

Die Welt, die Gott sieht und gut findet, ist eine Welt, die noch werden muss, was sie im Prinzip schon ist. Diese Welt ist nicht Gegenstand einer Weltanschauung, für welche die Anschauung des Universums das Höchste der Gefühle ist. Sie ist Gegenstand des Bekennens, des tätigen Engagements. Die Schöpfungserzählung bewegt uns dazu, der Welt, wie sie ist, zu widersprechen und im Geiste dieses Widerspruchs zu handeln. Es kann sein, dass nur dieses Bekenntnis, dieses „Credo in Deum Patrem omnipotentem, creatorem coeli et terrae" („ich glaube Gott-Vater, der Allmächtige, Schöpfer des Himmels und der Erde"), noch reicht, um „politikfähig" – zu einer radikalen Politik fähig – zu bleiben. Mit den Worten Ton Veerkamps, der sich durch ein Wort des Propheten Jesajas inspirieren ließ:

„Aber könnte ich Politik machen, wenn ich mir nicht immer wieder sagen lassen würde, was ich von mir aus nicht glauben könnte, sondern was diese Welt dauernd zu widerlegen scheint: dass diese Welt *nicht* dem *tohu*, diesem bedrohlichen Chaos, gewidmet ist, das Sicherheitsexperten planen? Muss ich mich nicht täglich diesem Prophetenwort beugen, das keinen Widerspruch duldet, damit ich überhaupt einen einzigen Schritt auf dem Weg zum neuen Himmel und zur neuen Erde vorankommen kann? Mir ist zumindest kein anderer Grund offenbar, auf dem ich stehen und gehen könnte als dieser:
'Ja denn,
so hat JHWH gesprochen,
der den Himmel schafft,
er eben ist Gott;
der die Erde bildet und sie macht,
er eben erhält sie;
nicht als Irrsal (tohu) hat er sie erschaffen,

zum Besiedeln hat er sie gebildet –
ich, JHWH, bins und keiner sonst (Jes 45,18)'.‹"[1]

Die Bibel beginnt mit einem „trotz alledem" – ist die Welt erschaffen
und nicht dem Schicksal überlassen – und lädt ihre Leser und Leserinnen
ein ihrerseits sich dazu zu bekennen: trotz alledem...

Gott schuf. Dieser Gott ist eine *Erzählfigur*. Seine Funktion ist es
das „Außerhalb" zu repräsentieren, das die Hoffnung auf die Veränderbarkeit der Welt „trotz alledem" unzerstörbar machen soll. Eine biblische Theologie hat die Aufgabe, die Bibel so zu übersetzen, dass ihr
revolutionärer Gehalt hörbar bleibt oder hörbar wird. Die Frage ist
dann: Muss diese Erzählfigur „Gott" unbedingt mit „Gott" übersetzt
werden? Jedenfalls soll unüberhörbar werden, wie „atheistisch" diese
Erzählfigur faktisch ist: Von allem, was sich in dieser Welt als Gott
aufspielt, wird im Namen dieses Gottes gesagt, dass es nicht Gott ist.
Es gibt also in dieser Welt keine Mächte, die „wie Gott" sind, über alle
Kritik erhaben. Wer die Schöpfungserzählung verstanden hat, ist Atheist,
praktizierender Atheist. Vielleicht genügt es schon, diese Erzählfigur zu
übersetzen als: Das, was ist, kann nicht alles sein. Ist damit nicht alles
schon gesagt? Wie Theodor W. Adorno es im letzten Aphorismus seiner
Minima moralia sagt:

> „Philosophie, wie sie im Angesicht der Verzweiflung einzig noch zu ver-
> antworten ist, wäre der Versuch, alle Dinge so zu betrachten, wie sie vom
> Standpunkt der Erlösung sich darstellten [...] Es ist das allereinfachste,
> weil der Zustand unabweisbar nach solcher Erkenntnis ruft, ja weil die
> vollendete Negativität, einmal ganz ins Auge gefasst, zur Spiegelschrift
> ihres Gegenteils zusammenschießt. Aber es ist auch das ganz Unmögliche,
> weil es einen Standort voraussetzt, der dem Bannkreis des Daseins, wenn
> auch nur um ein Winziges, entrückt ist".[2]

Dieser „Standpunkt", der einen „Standort" außerhalb des „Bannkreises
des Daseins" voraussetzt, scheint auf die Erzählfigur „Gott" verzichten
zu können. Aber Adorno schließt seinen Aphorismus mit dem intrigie-
renden Satz ab: „Gegenüber der Forderung, der damit an ihn ergeht, ist

---

1 Veerkamp 1984: 36.
2 Adorno 1997: 283.

aber die Frage nach der Wirklichkeit oder Unwirklichkeit der Erlösung selber *fast* gleichgültig." Das bezieht sich wohl auf die Wirklichkeit des Subjekts, das von außerhalb, „extra nos", uns entgegenkommt, im „*Gott* schuf" und „*Gott* sprach". Ist es uns tatsächlich gleichgültig, ob die Stimme, die uns bewegt, sagt: „*Ich* bin JHWH, dein Gott, der dich aus Ägypten, aus dem Haus der Sklaverei, hinausgeführt hat."? Oder, dass wir beten: „*Dein* Name werde geheiligt, *dein* Reich komme, *dein* Wille geschehe, wie im Himmel, so auf Erden?"

3. Die Schöpfungserzählung ist aber im gewissen Sinn auch eine Weltanschauung, nämlich „alle Dinge so zu *betrachten*, wie sie vom Standpunkt der Erlösung aus [von 'außerhalb' also] sich darstellen." Ihre „Theorie" ist jedoch eine Theorie der Praxis, und zwar auch der menschlichen. Denn an zentraler Stelle erscheint in dieser Erzählung die Menschheit, dazu berufen ein „Gleichnis" des Schöpfer-Gottes zu sein. Sie soll ihm „gleichen" im „Schalten", d.h. im Organisieren der Welt so, dass diese „schöpfungsgemäß" aussieht, die Züge der Welt bekommt, die noch werden muss. Von dieser Menschheit und der ihr gebotenen Praxis handelt die Erzählung, die unmittelbar auf die der Schöpfung folgt: die Erzählung vom Adam und seiner Welt, der *adama*, dem Acker, der Welt seiner Arbeit also. Es geht in dieser Erzählung um das, was biblisch gesprochen grundsätzlich vom Menschen gesagt werden muss, um die biblische Anthropologie, um das „Wesen des Menschen". Aber das „Wesen des Menschen" besteht nicht in dem, was er ist, sondern in dem, was er tut. Oder, wenn man schon das Mensch-Sein mit einem Ist-Satz definieren will, dann würde dieser Satz lauten: Der Mensch ist ein tätiges Wesen – das deshalb auch ein Anspruch auf Ruhe hat; der Sabbat ist der Tag, an welchem die Arbeit ruhen soll. Sein Tätigkeitsfeld ist eben der Acker, sein Auftrag ist es, „ihn zu bedienen und zu bewahren". Es ist nicht der Mensch im Allgemeinen, der den Gegenstand dieser Anthropologie bildet. Das ist nicht nur so, weil es auch Menschen gibt, die nicht zu arbeiten brauchen, um doch ein angenehmes Leben führen zu können. Der biblische Mensch ist der Mensch, der am eigenen Leibe erfahren hat, was es bedeutet, kein freier Mensch auf freien Boden zu sein, sondern ein geknechtetes Wesen, ein

Sklave, auf Hebräisch ein *èbèd*. Aber er ist auch der aus der Sklaverei befreite Mensch, dazu berufen in aller Freiheit dem Befreier-Gott zu „dienen" und sein „Gesetz" zu „bewahren". Er soll den Acker „bedienen". Wir hören hier das Tätigkeitswort, von welchem das Substantiv *èbèd* die perverse Ableitung ist: *abad*, das „dienen" bedeutet. So wie nach der Schöpfungserzählung es die Bestimmung der Welt ist, aus dem Tohuwabohu in das Reich der Freiheit hinausgeführt zu werden, so ist es nach der biblischen Anthropologie die Bestimmung des Menschen, in aller Freiheit der Welt und seinen Mitmenschen zu *abad*, zu dienen. Es hat in dieser Anthropologie deshalb kein Herr etwas zu suchen. Herrschaft eines Menschen über Andere kommt in dieser Geschichte einfach nicht vor, nur Adam und seine *adama*, seinen Acker. Auf die gesellschaftskritische Frage: „Als Adam grub und Eva spann, wo war denn da der Edelmann?" lautet die Antwort hier klipp und klar: „Nirgends!"

Gesellschaftskritisch ist auch die Ortsbeschreibung des Menschen: Sein Arbeitsfeld ist ein *Garten*. In der Zeit, in der dieser Text spielt, kann mit einem Garten nur ein Königsgarten gemeint sein. In diesem Garten zu lustwandeln, ist das Vorrecht des Königs; den Garten zu bearbeiten und instand zu halten, ist die Aufgabe Anderer. Die biblische Anthropologie „demokratisiert" diesen Garten: „JHWH, Gott, pflanzte einen Garten ... und legte darin den Menschen, den er gebildet hatte." Es ist ein Volksgarten, der allen offen steht, in dem alle, die darin arbeiten, die Früchte ihrer Arbeit auch genießen können. Und das Gebot lautet: „Von *allen* Bäumen des Gartens darfst du essen." Das ist revolutionär: Die Reichtümer der Welt sind kein Privateigentum, sie sind nicht nur einem kleinen Kreis von Auserwählten vorbehalten. Geboten wird: Gemeineigentum, alle sollen alles gemeinsam haben. Das gilt auch für den Lebensbaum, der mitten im Garten steht. Nach der herrschenden Mythologie ist dieser Baum des Lebens das privateste Privateigentum, das man sich vorstellen kann: Das Leben ist das exklusive Privileg der Götter. Wie das Gilgamesch-Epos apodiktisch erklärt: „Als die Götter den Menschen schufen, haben sie für den Menschen den Tod bestimmt, das Leben hielten sie fest in der Hand." Die biblische Anthropologie verkündet dagegen einen Gott, der grundsätzlich dem Menschen das Leben gönnt. Gilgamesch, der Urmensch der herrschenden Mythologie, sucht das Leben vergeblich. Es soll dem Menschen eine Lektion sein: Du suchst das Leben? Vergiss es, es ist sinnlos. Aber Adam darf wissen, dass seine Suche nach dem Leben nicht vergeblich sein wird. Er ist auf dem Weg in das Reich der Freiheit.

Aber es gibt noch einen Baum, der nicht passt ins Schema der allgemeinen Abschaffung des Privateigentums. Es ist der Baum der Erkenntnis von Gut und Böse, von dem JHWH gebietet, dass der Mensch von ihm nicht essen soll. Also, doch! Der aufgeklärte Mensch, der nicht besser weiß, als dass Gott den Menschen natürlich dumm halten will – seine Vertretung auf Erden hat es Jahrhunderte lang vorgeführt – fühlt sich in seinem Urteil bestätigt: Der Mensch darf alles, nur nicht zur Vernunft kommen. Denn was kann „Erkenntnis von Gut und Böse" anders bedeuten? Das ist doch das, was den Menschen als Menschen auszeichnet: Erkenntnis, speziell das Wissen darum, was gut und was böse ist, die Freiheit, bewusst zu entscheiden, was er zu tun und zu lassen hat. Wir sollen aber, wenn wir verstehen wollen, was es mit diesem Baum auf sich hat, bedenken, dass das „Gut und Böse" als Pointe des „Erkennens" klingt, nachdem wir in der Schöpfungserzählung gehört haben: Gut, sehr gut ist die Welt, die dem Menschen verheißen wird. Das Ende der Geschichte wird nicht das Chaos sein, sondern eine Sabbatfeier, eine Befreiung der Arbeit. „Gut und Böse" ist in diesem biblischen Zusammenhang die Verneinung dieser Perspektive: Nie wird das geschehen, dass die Welt einfach nur gut und in Ordnung ist, immer wird sie „gut und böse" sein. Nicht „die" Vernunft wird hier denunziert, sondern eine Ideologie, eine fatale. Die Erkenntnis von Gut und Böse ist das Wissen darum, dass es in der Welt nie gut werden wird. Dieses Wissen frustriert die Sehnsucht, lähmt die Hoffnung, ist tödlich für den Glauben an die Veränderbarkeit der Dinge. Deshalb ist das Verbot, von diesem Baum zu essen, keine Einschränkung der Freiheit des Menschen. Es soll ihn davor bewahren, seine Freiheit zu verlieren, indem er einer für ihn fatalen Ideologie Glauben schenkt. Die Freiheit ist nicht ohne weiteres gegeben, sie muss erkämpft werden. Ihre Bedingung ist der ideologische Kampf – zwischen einem kreativen „Trotz alledem" und einem fatalistischen „Es wird nie was werden". Ich denke übrigens nicht, dass der Mensch, der zu hören kriegt, dass er von diesem Baum nicht essen soll, überhaupt nicht weiß, was ihm da verboten wird. Der Hörer ist ja der befreite Sklave, er erinnert sich an das Sklavenhaus, mit der entsprechenden Ideologie, die ihm einbläute, dass seine Lage aussichtslos war – eben weil die Götter ihn dazu verdammt hatten. Aber er soll wissen, dass er sich auf diese Ideologie nie wieder einlassen soll. Es ist ja nicht so, dass der Baum ihm verborgen bleibt, er sieht ihn stehen, weiß, dass es ihn gibt. Er soll nur nicht von ihm essen, d.h. das Erkennen von Gut und Böse verinnerlichen, gleichsam in sich hineinfressen, sodass er von dieser Erkenntnis nicht mehr loskommt.

Dass es sich in der biblischen Anthropologie nicht um eine Idylle handelt, um einen im geläufigen Sinn paradiesischen Zustand, wird in der Attacke der Schlange, des mythologischen Tiers der herrschenden Weisheit, endgültig klar. Hier geschieht ideologischer Kampf pur. Nicht nur, dass die Schlange die befreienden Worte, die dem Menschen zugesprochen worden sind, verdreht, zum Beispiel, indem sie sagt: „Ob vielleicht Gott sprach: 'Esst nicht von allen Bäumen des Gartens!'..." – so suggerierend, dass JHWH ein Gott ist wie alle andere, der den Menschen das Leben natürlich nicht gönnt. Die Schlange weist auch darauf hin, welches Privileg mit dem „Erkennen von Gut und Böse" verbunden ist: Ihr werdet wie Gott sein. Und sie hat Recht. Es sind die Götter und ihre Repräsentanten auf Erden, die Gut und Böse erkennen: Sie haben die Macht über Gut und Böse nach ihrer Willkür zu verfügen. Die Ambivalenz, die ihren Untertanen fatal ist, ist ihre Stärke. Für sie wäre es fatal, wenn die Untertanen ihr Schicksal nicht länger fatalistisch hinnähmen. Die Schlange, die sich eine Welt ohne Herrschaft nicht vorstellen kann, weist auf die einzige Möglichkeit hin, die es innerhalb des herrschenden Wissens gibt, um der Knechtschaft zu entkommen: selber zu versuchen „wie Gott" zu werden. Sie verschweigt aber, dass gerade diese Möglichkeit die Knechtschaft nur reproduziert. Wo Herren sind, gibt es Knechte – auch wenn Knechte Herren werden: ein fataler Kreis.

Der Mensch hätte sich, als er sich auf dieses Gespräch einließ, erinnern müssen an das, was für den Menschen entschieden *nicht gut* ist: allein zu sein. Mensch-Sein ist Sein-in-der-Beziehung. Das Paradigma für dieses Aufeinander-bezogen-Sein ist die Beziehung zwischen Mann und Frau. In der patriarchalen Gesellschaft, die die biblische Anthropologie vor Augen hat, ist diese Beziehung eine herrschaftliche. Hier aber fehlt die Hierarchie: die Frau befreit den Menschen aus seiner Einsamkeit, er ist nicht der auf sich gestellte Souverän, sondern braucht eine Hilfe. Das ist die Frau, die dem Mann aber als Gleiche gegenübersteht. Ja, die patriarchale Ordnung, die vorschreibt, dass die Frau ihren Clan verlässt und zu dem Clan des Mannes übergeht, wird hier umgekehrt: Der Mann soll seinen Vater und seine Mutter verlassen und seiner Frau anhängen. So werden sie, wie die Erzählung es ausdrückt, „zu einem Fleisch", der einen Menschheit, Gesellschaft ohne Herrschaft.

Aber der Mensch, Frau und Mann gemeinsam, fällt auf die Schlangenweisheit herein: So sollte er seiner Frau nicht anhängen! Sie essen vom Baum der Erkenntnis von Gut und Böse und entdecken, dass sie nackt sind, wehrlos dem anderen ausgeliefert. Und ihre Lösung ist ganz im Sinne des Herrschaftsdenkens: Sie rüsten sich zum Kampf aller gegen alle – die „Gürtel", die sie sich machen, sind Teil eines Körperpanzers. Das ist ihr großer Reinfall. Ihnen sind die Augen geöffnet – im Sinne der herrschenden Ideologie. Jetzt empfinden sie die Welt in ihrer ganzen Ambivalenz: als für alle Ewigkeit „gut und böse". Wir sehen hier die ganze Tragik einer Befreiungsbewegung, die meint, sich nur noch retten zu können, wenn sie sich die herrschende Ideologie zu eigen macht, die eine Ideologie der Herrschenden ist. Sie will „wie Gott" werden und muss feststellen, dass, sogar wenn das gelingt (meistens gelingt es nicht), das, was ihr Wesen ausmacht auf der Strecke bleibt, nämlich Gesellschaft ohne Herrschaft zu sein. So siegt sie sich ihrer unvermeidlichen Niederlage entgegen.

Der große Irrtum der Befreiungsbewegung ist es zu denken, dass die Erfahrung nun eben lehrt, dass es nicht anders geht. Und folglich erfahren muss, dass es aus dem fatalen Kreis von Herrschaft und Knechtschaft keinen Ausweg gibt. Sie kann sich zwar damit trösten, dass die historische Gesetzmäßigkeit die Befreiung letztendlich schon besorgen wird. Aber auf Dauer wird sie sich der tragischen Weltanschauung, der sie verfallen ist, dem „Erkennen von Gut und Böse" nicht entziehen können. Das Bewusstsein dieser Tragik wird alsbald zynisch werden: Lächerlich ist, wer auf der Perspektive der Befreiung besteht.

Die biblische Anthropologie ist nicht blauäugig: Wer vom befreiten Menschen spricht, darf über dessen Fall nicht schweigen. Aber sie weigert sich, ihn als hoffnungslosen Fall abzuschreiben. Das könnte den Herren der Welt ja so passen, wenn die Bibel einfach bestätigte, dass hier auf der Erde alles so bliebe, wie es bisher ist; wenn die Erzählung vom „Sündenfall" das letzte Wort über den Menschen wäre, der Verrat der Befreiungsbewegung an sich selbst endgültig festgestellt werden könnte; wenn nur noch ja genickt wird; wenn jemand, sich auf die Bibel berufend, sagt: Die Frau wird mit Schmerzen Kinder gebären und ihrem Mann untertänig sein, während für den Mann die Arbeit eine Last ist, ein Ackern ohne Ende, bis der Tod beide aus dem Jammertal erlöst. Die Bibel aber lässt JHWH diesen Zustand verfluchen. Das ist wohl das Gegenteil einer Sanktionierung der Welt, wie sie ist. Diese Welt ist und bleibt eine verkehrte Welt, eine Welt, die der Bestimmung des Menschen widerspricht. Der Mensch, zur Freiheit berufen, hat im Kampf gegen die herrschende Ideologie eine gewaltige Niederlage erlitten. Und diese Niederlage ist konstitutiv für die Niederlagen, die Befreiungsbewegungen immer wieder erleiden werden. Es ist die Urniederlage, die deshalb auch in der biblischen Anthropologie nicht fehlen darf. Aber der Kampf geht weiter: in der Feindschaft, die zwischen die Schlange und die Frau gesetzt wird.

Der Mensch wird aus dem Garten vertrieben: Seine Geschichte wird eine Geschichte von Klassenkämpfen sein, massenhaft werden Tränen vergossen werden, ein Töten ohne Ende, Trauer, Wehgeschrei, Schinderei. Cheruben bewachen den Garten, er scheint für immer verschlossen. Also doch ein letztes Wort? Die Welt, wie sie ist, zwar eine verkehrte, aber auch das Ende aller historischen Weisheit?

Das hebräische Wort, das mit „bewachen" übersetzt wird, *sjamar*, verrät ein Geheimnis. Es kann auch „bewahren" bedeuten. Der Garten bleibt auch bewahrt, als ein Land der Verheißung. Das letzte Buch der Bibel, das Buch Offenbarung, traut sich eine überwältigende Vision: von der Stadt, die weder Sonne noch Mond braucht, weil Gott selber sie erleuchtet. In der Mitte dieser Stadt gibt es eine Straße und dort den Baum des Lebens, für alle zugänglich. Es ist die Heilige Stadt Jerusalem, wo eine Stimme klingt, die sagt: Gott wird jede Träne von ihren Augen abwischen, der Tod wird nicht mehr sein, keine Trauer, kein Wehgeschrei, keine Schinderei. Das Kommunistische Manifest spricht im Geiste dieser Utopie, wenn es sagt: Die *bisherige* Geschichte ist eine Geschichte von Klassenkämpfen. Bisher, aber nicht für immer und ewig.

Nun ist auch dieser Hinweis nicht das letzte Wort der biblischen Anthropologie. Es folgt noch die Erzählung vom Brudermord: der Stärkere, der den Schwächeren erschlägt statt seines Bruders Hüter („Bewahrer", von *sjamar*) zu sein. Die Bestimmung des befreiten Menschen – Kain ist ja ein Sohn Adams –, das Gleichnis des Befreier-Gottes zu sein, hat sich in Unkenntlichkeit verwandelt. So kennen wir den Menschen, bis in unsere Zeit: der Mensch des Neoliberalismus, für den das Recht des Stärkeren über jeden kritischen Zweifel erhaben ist.

Die Bibel aber bleibt dabei: trotz alledem. Auch nach dieser Geschichte klingt es wieder: „Das ist das Buch der Geschichte Adams, des Menschen: Am Tag, da Gott den Menschen schuf, machte er ihn in Gottes Gleichnis, männlich und weiblich schuf er sie." (Gen 5,1-2) So wie auch die Kinder Adams Menschen nach seinem Bilde bleiben (Gen 5,3). Das letzte Wort über die Menschwerdung ist also noch nicht gesprochen. Dass die Menschheit einmal human wird, dass es ihr einmal gelingt über ihren Schatten zu springen, in das Reich ihrer Freiheit, das können wir nur glauben. So wie wir nur glauben können, dass die Welt für diese Humanität wie geschaffen ist. Ob dieser Glauben unbedingt theologisch bekannt werden muss? Ich bin mir da, wie gesagt, nicht sicher. Aber sicher ist mir, dass der Glaube an den Gott der Bibel ohne den Glauben an den Menschen eine unmenschliche Abstraktion ist. Wer an den Menschen nicht glaubt, hat den Glauben an den biblischen Gott verloren.

Zitierte Literatur

Adorno, Theodor W. (1997): *Minima moralia. Reflexionen aus dem beschädigten Leben*. Gesammelte Schriften, Bd. 4, Frankfurt a.M.
Veerkamp, Ton (1984): „Im Lehrhaus. Von der Einheit der heiligen Schrift". In: *Texte und Kontexte*, Nr. 22, 7 Jg, 2/1984, S. 4-38.

Dick Boer

Kampf und biblische Inspiration: Paulus[*]

1. Das „Trotz alledem" daran festhalten, dass die Geschichte nicht immer so weiter gehen wird, ist die Hoffnung auf das „Ereignis". Es wird die Zeit kommen, dass der „Bannkreis des Daseins" durchbrochen wird, die Lage plötzlich ganz anders aussieht, der „kairos" da ist: Schwester und Brüder machen sich auf, zur Sonne und Freiheit, zum Lichte empor.

Das ist das, was Paulus bewegt: das Ereignis „Gemeinde". Juden und „Gojim" finden sich zusammen im Bekenntnis: der Jude Jesus ist der Messias, auf Griechisch: Christus. Das ist tatsächlich ein Ereignis: dass auch *Gojim* diese typisch jüdische Erwartung teilen. Und gemeinsam mit Juden den befreienden Sinn dieser Erwartung „politisieren": Jesus Messias ist *kyrios*. Das spielt auf den NAMEN an, der als einziger Gott genannt werden darf: „Höre, Israel, JHWH, unser Gott, JHWH ist einzig." (Dtn 6,4) Dieser Name darf nicht ausgesprochen werden, stattdessen wird *adonaj* gesagt, das hebräische Wort für Herr, auf Griechisch: *kyrios*. So wird das „Jesus Messias ist *kyrios*" ein höchst politisches, ein revolutionäres Bekenntnis: gegen den römischen Kaiser, dessen Hoheitstitel eben *kyrios* ist.

Juden und *Gojim* finden sich zusammen: in einer Gesellschaft ohne Herrschaft. Die Tatsache, dass sie sich gefunden haben hat den Gegensatz zwischen ihnen „aufgehoben": Im Messias gibt es weder Juden noch Griechen. Und weil dieser *kyrios* gesagt hat, der Menschensohn sei nicht gekommen sich dienen zu lassen, sondern zu dienen, ist auch die Herrschaft des einen Menschen über den anderen zu seinem Ende gekommen: Im Messias gibt es weder Sklaven noch Freie.

Diese Charta der messianischen Freiheit in Galater 3,28 schließt ab mit: im Messias gibt es nicht „männlich und weiblich". Das wird oft ausgelegt als: Auch das Geschlechterverhältnis steht im Zeichen seiner

---

[*] Dieser Vortrag ist auch erschienen in: Boer, Dick: *Theopolitische Existenz – von gestern, für heute. Texte 1978-2014*. Berlin: Argument-Verlag 2017, S. 298-304.

Aufhebung. Aber die abweichende Formulierung – nicht: männlich noch weiblich, sondern: „nicht männlich und weiblich" – „zitiert" die Schöpfungserzählung: „Gott schuf den Menschen in seinem Bilde, im Bilde Gottes schuf er ihn, männlich und weiblich schuf er sie." (Gen 1,27 In diesem „männlich und weiblich" geht es nicht um das Geschlechter*verhältnis*, sondern um die Geschlechtlichkeit als Bedingung für die Geschichte der Menschwerdung – bis der Mensch „in seinem Bilde" tatsächlich erschienen ist. Die Gemeinde bekennt: Jesus ist dieser Mensch und seine Menschlichkeit hat in der Gemeinde ihre gesellschaftliche Gestalt bekommen. Damit sind die Geschichte und die Geschlechtlichkeit als ihre Bedingung im Prinzip zu ihrem Ziel gekommen. Diese radikale Relativierung der Geschlechtlichkeit hat aber natürlich Konsequenzen für das Geschlechterverhältnis: Das Argument entfällt, das „männlich und weiblich" sei eine „Schöpfungsordnung", die nicht überschritten werden dürfe.

Paulus ist der Theoretiker des Ereignisses. Er ist nicht der Prophet, der in einer bleiernen Zeit setzt auf das „trotzdem", das sich ereignen wird. Er weist hin auf etwas, das tatsächlich geschieht. Die Gesellschaft ohne Herrschaft ist keine Utopie („kein Ort"), sondern hat einen Ort in der Wirklichkeit: Gemeinde *in* der Welt. Worauf es ankommt ist, dass die Gemeinde dem Ereignis, das sie ist, auch treu bleibt. Deshalb schreibt er seine Briefe, „kämpferische Dokumente versandt an kleine Kerngruppen von Bekehrten" (Alain Badiou, der Paulus mit Lenin vergleicht).[1] Deshalb auch ist sein Ton oft so scharf – weil er erleben muss, dass die Gemeinde in altes Denken zurückfällt. Er erinnert sich noch zu gut, wie verzweifelt die Lage war, um sich damit beruhigen zu können, dass das Ereignis sich wieder verläuft und die alten Verhältnisse zurückkehren: das Judentum eine geschlossene Gesellschaft, die Welt der *Gojim* von jüdischer Sicht her ein hoffnungsloser Fall.

In seinem Brief an die Römer schildert Paulus, wie es war: dass alles, worauf er als Jude seine Hoffnung gesetzt hatte, ins „Nichts" verlaufen war. Nichts war es geworden mit der Verheißung, dass die *Gojim* dass Experiment einer Torarepublik als ihr Licht erkannt hätten. Nichts geworden war es auch mit den Juden, die das Joch der Tora auf sich

---

1 Badiou 2002: 61.

genommen hatten, um der Welt zu zeigen: Eine Torarepublik ist möglich. Er kann nichts anderes als illusionslos die Schlussfolgerung ziehen:

„Es gibt keinen Gerechten, auch nicht einen. Es gibt keinen Vernünftigen. Es gibt keinen, der nach Gott sucht. Alle sind abgewichen, alle zusammen verdorben. Es gibt keinen, der Gutes tut, keinen Einzigen mehr." (Röm 3,10-12)

Es blieb ihm nur noch der Schrei: „Ich, elender Mensch! Wer wird mich befreien aus dem Leib dieses Todes?" (Röm 7,24). Leib ist eine Metapher für Gesellschaft. Hier ist es die Gesellschaft, die für elende Menschen tödlich ist: das *imperium romanum*.

Das ist jetzt vorbei. Es existiert der Leib des Messias, der Messias als Gemeinde existierend (Bonhoeffer). Was sich zutiefst fremd war, findet sich zusammen: Juden entdecken, dass es eine gojsche Vernunft gibt, die für die Vernunft der Tora offen ist, *Gojim* erkennen in dem Juden Jesus, dem gekreuzigten Sklaven, den *kyrios*, den Antityp des römischen Kaisers. Paulus verkündigt die Revolution.

Um das Revolutionäre dieses Ereignisses einigermaßen vorstellbar zu machen, vergleiche ich es mit einem Ereignis in unserer Zeit, das hätte stattfinden können, aber nicht stattgefunden hat: die eine Gemeinde von Christen und Marxisten. Ansätze dazu hat es gegeben. Es gab Christen, die erkannten, dass das, was Marxisten bewegte der Geist der Tora war. Und es fällt auf, dass Marxisten zwar Gott vehement verwarfen, aber, dass es ihnen leicht fiel in Jesus den ersten Kommunisten zu entdecken. Das reichte bekanntlich nicht aus für das Zustandekommen einer christlich-marxistischen Kommune und das ist auch kein Wunder. Wie hätten Marxisten erkennen können, dass das Bekenntnis „Jesus ist *kyrios*" ein anti-imperialistisches Bekenntnis war? Während die Christen, die erkannten: „ein Christ muss Sozialist sein", dies oft so interpretierten, dass ein Sozialist auch Christ sein sollte – er sollte sich gleichsam beschneiden lassen. Das war es gerade, was Paulus in der Gemeinde bekämpfte, weil es das Ereignis „Gemeinde" wieder unkenntlich machte.

Das Ereignis einer Gemeinde von Christen und Marxisten hat sich nicht ereignet. Vieles wäre anders gelaufen, wenn Christen und Marxisten gemeinsam demonstriert hätten, dass eine andere Welt als die des „Empire" möglich ist. Auch die Gemeinde des ursprünglichen Christentums hat die Welt des Römischen Imperiums verändert – bis sie dem Ereignis untreu wurde („die konstantinische Wende"). Mit weitreichenden Folgen: Friedrich Engels konnte rückblickend über das „Urchristentum" nur noch feststellen, dass die Zeit für seine Revolution offenbar noch nicht reif war und dass es deshalb die Erlösung ins Jenseits projizieren musste. Inzwischen sollten Marxisten erkannt haben, dass auch ihre Zeit für die Revolution nicht reif war. Diese Einsicht, wenn sie sich einstellt, könnte hinausführen aus dem „Entweder Marxist oder Christ" und spät – aber vielleicht noch nicht zu spät – das Ereignis der einen Kommune herbeiführen. Das wäre ein Wunder. Aber Wunder geschehen, wie Paulus es für seine Zeit bezeugt.

2. Für Paulus war das Ereignis die Gemeinde aus Juden und *Gojim*, ein absolutes Novum, weil die Beschneidung für die *Gojim* nicht länger eine Bedingung für ihre Gleichberechtigung mit den Juden war. Es war nicht unbedingt die Art, wie die Propheten sich vorstellten, dass die verfahrene Geschichte des Projekts „Israel" sich wenden würde. Das Ereignis, worauf sie hofften, war eine Rückkehr aus dem Exil und die erneute Möglichkeit der Errichtung einer „Torarepublik". Diese Torarepublik würde die *Gojim* dazu bewegen sich dem Projekt „Israel" anzuschließen. Welche Rolle in dieser Internationale die Beschneidung noch spielen würde blieb offen. Die Torarepublik jedenfalls blieb die Angelegenheit der „Kinder Israels" – und die waren, sofern männlich, beschnitten.

Das Ereignis, dessen Theoretiker Paulus war, überschreitet diese Vorstellung. In der Gemeinde existiert die Internationale, der Zusammenschluss von Juden und *Gojim*, real. Die Frage, welche Rolle die Beschneidung spielt, wird konkret. Soll sie als letzte Trennung, als entweder Jude oder *Goj*, aufrechterhalten bleiben, oder muss gerade sie aufgehoben werden, um klarzustellen, dass es sich um ein Neues handelt?

Die Überlegungen des Paulus zu dieser Frage sind kontextuell zu verstehen. Seine Theorie ist keine Systematisierung von ewigen Wahrheiten, sondern die Theorie einer konkreten Praxis: die Gemeinde als eine bestimmte Antwort auf die Frage, wie im Römischen Reich Tora getan wird. Der Versuch der Herstellung einer Torarepublik als ein

unabhängiges Staatswesen ist in Anbetracht der Übermacht des Römischen „Empire" kontraproduktiv. Der jüdische Aufstand, der dafür nötig
wäre, konnte nur auf eine blutige Niederlage hinauslaufen – der jüdische
Krieg hat es bewiesen. Aber die pharisäische Alternative, sich in die
eigene jüdische Identität zurückziehen (einen „Zaun" um die Tora), so
weit, wie es geht, zu versuchen, nicht unangenehm aufzufallen, gleichsam
zu „überwintern", bis der Messias kommt, ist Paulus zu wenig. Denn
da wird übersehen, dass der Zaun um die Tora im Ereignis „Gemeinde"
faktisch durchbrochen *ist* (Eph 2,14). Dieser Durchbruch darf nicht als
„Abschaffung" der Tora denunziert werden. Die Gemeinde ist nicht das
„Ende", sondern das „Ziel" der Tora (Röm 10,4). Denn das ist es doch,
was die Tora bezweckte: eine Gesellschaft ohne Herrschaft.

Das führt aber bei Paulus unübersehbar zu einem sehr freien Umgang
mit der Tora. Seine Polemik gegen die Beschneidung – dass sie von
Gojim nicht verlangt werden dürfte – ist eine Relativierung der Tora, die
zwar nicht ihre Abschaffung bedeutet – für Juden bleibt die Beschneidung auch nach Paulus Gebot –, aber von Juden durchaus als solche
verstanden werden kann. Zum Beispiel, wenn Paulus so weit geht, zu
schreiben: „Weder Beschneidung noch Vorhaut ist etwas, sondern neue
Schöpfung." (Gal 6,15) Wenn das zusammengelesen wird mit seiner
These, dass, „wenn Menschen, die keine Tora haben [also *Gojim*, DB],
aus sich selbst heraus [im Griechischen steht da: *physei*, also: von ihrer
Natur her, DB] tun, was die Tora fordert, sind diese sich selbst Tora"
(Röm 2,14), dann kann ich mir jedenfalls gut vorstellen, warum die
Mehrheit der Juden Paulus für einen „Schwärmer" hielt, der den kurzen
Sommer der Anarchie hoffungslos überschätzt hat. Hat er auch nicht
selber feststellen müssen, dass die „neue Schöpfung" so neu nun doch
nicht war? Seine Briefe zeigen ja ein Gemeindeleben voller Konflikte: Es
gibt Parteien, die einander heftigst bekämpfen – unter ihnen auch eine
Pauluspartei –, es treten „Judaisanten" auf, die doch wieder verlangen,
dass *Gojim* sich beschneiden lassen und auch mit der Emanzipation der
Frauen steht es nicht zum Besten – es wird ein Schüler des Paulus sein,
der dekretiert, dass Frauen im Gottesdienst den Mund halten sollen. Das
besagt nicht, dass das Ereignis nur ein Hirngespinst des Paulus gewesen
ist. Anders kann man sich den Streit um die Beschneidung auch kaum

vorstellen. Es heißt wohl, dass die Magna Charta der Gemeinde: „im Messias ist weder Jude noch Grieche, Sklave noch Freier, nicht männlich und weiblich", von Anfang auf der Kippe stand. Die darin verkündete „Freiheit des messianischen Menschen" konnte jeder Zeit rückgängig gemacht werden. Es war auch möglich das Ereignis der Gemeinde auf das Abstellgleis des Dogmas einer unsichtbaren Kirche zu schieben, die der real existierenden Gemeinde nichts mehr anhaben kann. Es war sogar möglich aus der Gemeinde von Juden und *Gojim* eine „heiden-christliche" Kirche zu machen, die sich als „wahres Israel" aufspielt. Gegen diese Pervertierungen des Ereignisses hat Paulus gekämpft. Sein ganzes Streben war darauf gerichtet, dass die Gemeinde dem Ereignis treu bleibt. Dass die Kirche sich später gerade auf Paulus berufen hat, um diese Pervertierungen zum Proprium des christlichen Glaubens zu erklären, ist die größte Perversion. Aber dieser „Paulinismus" ist so wenig Paulus, wie Leninismus Lenin ist.

3. Paulus kontextuell lesen bedeutet auch die Gemeinde kontextualisie-ren. Im Kontext des damaligen Römischen Reiches war sie, jedenfalls für Paulus, die einzig mögliche Befreiungsstrategie. Aber es sind auch Kontexte denkbar, in der sich andere Möglichkeiten anbieten. Dass sich eine Konstellation ergibt, in der der Versuch einer Torarepublik gewagt werden kann, ist nicht von vorne herein auszuschließen. Eine „politische" Theologie – und eine Theologie ist *per definitionem* poli-tisch – wird die Gemeinde nur als eine Möglichkeit unter anderen sehen können. Der niederländische Theologe Kornelis Heiko Miskotte hat in diesem Zusammenhang von der Politik als „Überschuss" des sogenann-ten Alten Testaments gegenüber dem Neuen gesprochen. Unter Politik versteht er die Aufgabe in der noch nicht erlösten Welt nach dem Maß menschlicher Einsicht und menschlichen Vermögens unter Ausübung und Androhung von Gewalt für Recht und Frieden zu sorgen, wie die fünfte Barmer These es formuliert.[2] Mit „Überschuss" meint er, dass diese Art Politik zu betreiben, nicht überholt ist. Der, wie er es sieht, „apolitische" Charakter des Neuen Testaments ist durch die besondere Situation bedingt, in der es entstanden ist. Die Gemeinde lebte in einer

---

2 https://www.ekd.de/Barmer-Theologische-Erklarung-Thesen-11296.htm, letzter Aufruf: 24.7.2017.

„Naherwartung", die jeden Gedanken an die Verbindung von „Staat und Revolution" überflüssig machte. So apolitisch wie Miskotte lesen wir das Neue Testament nicht – obwohl ein wichtiges Motiv für die Gemeinde im „Empire" auszuharren tatsächlich war, dass die Zeit des „Empire" ihrem Ende entgegen ging. Aber sein Gedanke des „Überschusses" bleibt wichtig. Die Gemeinde ist nicht aller historischen Weisheit Schluss. Es kann wieder eine Zeit kommen, in der das Gebot der Stunde lautet: politische Revolution. Dann zu beharren auf Paulus' Gemeindestrategie und sich dieser Revolution gegenüber auf Distanz zu halten, wäre unverantwortlich. Dass die Gemeinde in einer solchen Situation immer noch eine Aufgabe hat, nämlich innerhalb der politischen Revolution deren kritisches – aber auch solidarisches – Gegenüber zu sein, soll damit nicht ausgeschlossen werden. Auch im biblischen Israel stand dem König die kritische Instanz des Propheten gegenüber.

Die Kontextualisierung der Gemeinde heißt aber nicht sie auf die damalige Situation im Römischen Imperium zu reduzieren. Das Wortspiel, das ich mir ab und zu mit „Imperium" und „Empire" erlaubt habe, war schon Anspielung auf die Aktualität. Auch wir leben unter imperialen Verhältnissen, die kaum Aussicht bieten auf die andere Welt, von der wir trotzdem so hartnäckig behaupten, dass sie möglich ist. Der Versuch des Aufbaus des Sozialismus in einem Land ist gescheitert, die Alternative einer Weltrevolution scheint aber nicht weniger utopisch zu sein. Das braucht uns nicht davon abzuhalten, die Experimente eines Sozialismus für das 21. Jahrhundert (Venezuela, Bolivien) nicht nur mit engagierter Aufmerksamkeit zu verfolgen, sondern sie auch gegen ihren neoliberalen und nicht zu vergessen linken Verächtern zu verteidigen. Diese Experimente haben auch zweifellos „Ereignis"-Charakter. Wer hätte sich getraut im Lateinamerika der 90er Jahre des vorigen Jahrhunderts eine „bolivarische Revolution" vorauszusagen? Und wer hätte gedacht, dass sie sich bis auf diesen Tag, wenn auch mühsam, behaupten würde? Aber ob es genügt auf die Gemeinde zu verzichten?

Adorno schrieb: „Es gibt kein richtiges Leben im falschen."[3] Es ist Ausdruck seiner Verzweiflung über das Scheitern der Aufklärung. Statt zur Freiheit, Gleichheit und Geschwisterlichkeit führte sie in die

---

3 Adorno 1997: 43.

„verwaltete Welt" einer „instrumentellen Vernunft". Es ist die gleiche Erfahrung, die Paulus machen musste: „Es gibt keinen Gerechten, auch nicht einen. Es gibt keinen Vernünftigen. Es gibt keinen, der nach Gott sucht. Alle sind abgewichen, alle zusammen verdorben. Es gibt keinen, der Gutes tut, keinen Einzigen mehr." Es ist auch unsere Erfahrung, in der Welt von heute. Gäbe es doch eine Gemeinde, gäbe es doch Menschen, die sich zusammentun um mitten im falschen ein richtiges Leben zu führen – und so der Welt vorzuführen, dass das möglich ist. Die Welt braucht Gemeinde (Ernst Bloch).

4. Aber das ist gerade unser Problem: Das Ereignis, das Paulus inspirierte, ist Literatur geworden – so wie der Marxismus „akademisch" geworden ist, statt der Theorie, die zur materiellen Gewalt wird, indem sie die Massen ergreift. Die Basisgemeinden, die das Ereignis aktualisierten, sind in weite Ferne gerückt, die Linke ist im politischen Diskurs ein Fremdkörper geworden, die Kirche hat mit der Bibel – in welcher Auslegung auch immer – nur noch wenig am Hut. Wo ist da noch die Kraft, die uns treibt, der Geist, der uns bewegt? Ist was bleibt vielleicht nicht mehr als ein Thema für das nächste Intensivseminar: „Trotz alledem"?
Und doch: Es gibt diese Literatur und sie kann noch immer dazu bewegen, auf das Ereignis der Auferstehung des Gekreuzigten zu hoffen. Es gibt die Liturgie und diese kann, wenn auch „nur" – aber was heißt hier „nur"? – symbolisch, die Sehnsucht nach einer herrschaftsfreien Gesellschaft wach halten. Und es gibt das Bekenntnis: „Ich glaube an eine allgemeine *Ekklesia*, eine Kommunität der Heiligen". Mit der Feststellung ihrer Unsichtbarkeit ist nicht das letzte Wort gesprochen – solange es Menschen gibt, die daran glauben: Eine andere Kirche als die real existierende ist möglich!
Die Geschichte ist auch nicht ohne dass dieses „Trotzdem" tatsächlich geschieht: der *kairos*. Paulus hat erlebt, wie alles danach aussah: Es ist gelaufen, das Projekt „Israel" aus und vorbei. Und da geschah es, das „Trotzdem" des *kairos*! Und war nicht auch das ein *kairos*, als gerade in der so hierarchischen römisch-katholischen Kirche Lateinamerikas die Basis-Gemeinden entstanden und eine Theologie der Befreiung sich verbündete mit der Praxis der Unterdrückten? Mag sein, dass auch dieser

kairos wieder vorbei und die Zeit der so unpolitischen Pfingstkirchen gekommen ist. Sollte man deshalb die Hoffnung auf einen neuen *kairos* aufgeben? Wäre es sogar ganz ausgeschlossen, dass trotz allem, was dagegen spricht, die Zeit der Pfingstkirchen ein *kairos* werden kann?

Das ist die Rhetorik einer großen Erzählung, ich weiß es. Ihr Pathos ist als praktische Weisung karg. Aber Ton Veerkamp erinnert uns daran, dass die große Erzählung nicht nur die großen Werke des Messias kennt – „Blinde sehen, [...] Tote werden erweckt" (Mt 11,5) –, sondern auch die bescheidenen Werke der Veränderung – „ich war hungrig, ihr habt mir zu essen gegeben, ich war durstig..." (Mt 25,35ff) –, die Werke, die immer getan werden können, auch wenn die Revolutionierung der Verhältnisse uns nicht gegeben ist. Und der berüchtigte Passus in Paulus' Römerbrief, „Jeder Mensch soll sich den Gewalten unterordnen, die an der Macht sind" (Röm 13,1) inspirierte Karl Barth zu dem ernüchternden Satz:

> „Staatsbürgerliche Initiative und staatsbürgerlicher Gehorsam, aber *keine* Kombinationen von Thron und Altar, *kein* christlicher Patriotismus, *keine* demokratische Kreuzzugsstimmung. Streik und Generalstreik und Straßenkampf, wenn's sein muss, aber *keine* religiöse Rechtfertigung und Verherrlichung dazu! Militärdienst als Soldat und Offizier, wenn's sein muss, aber unter *keinen* Umständen als Feldprediger! Sozialdemokratisch, aber *nicht* religiös-sozial! Der Verrat am Evangelium gehört *nicht* zu den politischen Pflichten."[4]

Das ist die uns zu jeder Zeit mögliche Praxis.

Es ist jedoch nicht die ganze Aufgabe. Die Verweigerung die Welt, wie sie ist, zu verklären, ist das eine, der Welt zu demonstrieren: Es lässt sich auch anders leben, das andere. Auch dieses Andere bleibt uns geboten. Es ist (zu leicht) „trotz alledem" zu sagen, wenn wir uns nicht den Kopf darüber zerbrechen, wie „trotz alledem" eine Kommunität wie die paulinische Gemeinde organisiert werden könnte. Wäre das nicht ein gutes Thema für ein Intensivseminar – damit unsere Bewegung *ChristInnen für den Sozialismus* aus ihrem, vielleicht auch selbstverschuldeten, „Akademismus" herausfindet?

---

4 Barth 1985: 520f.

Es fehlt uns das Ereignis, dessen Theoretiker Paulus war. Aber er konnte dieser Theoretiker nur werden, weil es Menschen gab, Juden und *Gojim*, die im Geiste der großen Erzählung handelten, die sie wie wir „nur" gehört hatten. Weil sie wussten: wer, wenn nicht wir?

Zitierte Literatur

Adorno, Theodor W. (1997): *Minima moralia. Reflexionen aus dem beschädigten Leben*. Gesammelte Schriften, Bd. 4, Frankfurt a.M.

Badiou, Alain (2002): *Paulus. Die Begründung des Universalismus*. Zürich & Berlin (2. Aufl.: 2009).

Barth, Karl (1985): *Der Römerbrief. (Erste Fassung) 1919*. Karl Barth Gesamtausgabe, Bd. 16, Zürich.

Die Herrschenden haben als Sieger in der Geschichte immer wieder versucht, jede Erinnerung an den Tod der Opfer ihrer Herrschaft auszulöschen. Der Widerstand gegen ihre Macht wird namenlos gemacht. Die Kreuzigung war im Römischen Imperium das Folterinstrument dafür. Deshalb ist die Erzählung von der Auferstehung Trauerarbeit. Fulbert Steffensky arbeitet in seinem Essay heraus, was Trauerarbeit als Erinnerungskultur heute für uns Christ*innen und Sozialist*innen bedeutet.

Fulbert Steffensky

Die Nachricht der Hingerichteten

Das Leben wird vorbereitet durch Erzählungen über die Toten.

Franz Jägerstätter: die Geschichte eines Kriegsdienstverweigerers, eine Lebensgeschichte, eine Geschichte gegen den Tod. Er wurde 1907 in Oberösterreich geboren, unehelicher Sohn einer Dienstmagd. Er besuchte eine einklassige Volksschule, hatte kaum Möglichkeiten, sich zu bilden, erlebte eine Kindheit in Armut und Hunger. Er war Bibelleser und Nazigegner. Er hört früh von der Vernichtung von psychisch Kranken in Ybbs an der Donau, Niederösterreich.

Wieso hat der ungebildete Bauer davon gehört, wo doch alle anderen nichts gewusst haben? Wie kam der Ungebildete dazu, die Fratze des Krieges zu sehen? Wie kam sein Gewissen zu folgenden Sätzen: „Welcher Katholik getraut sich, diese Raubzüge, die Deutschland schon in mehreren Ländern unternommen hat, ... für einen gerechten und heiligen Krieg zu erklären?" Und weiter: „Was wäre es für ein Unterschied, wenn nicht ein Gotteshaus mehr geöffnet wäre, wenn die Kirche ohnehin zu allem schweigt, was geschieht?" Er war einer der wenigen, die wussten, dass man für sein Wissen wie für sein Nicht-Wissen verantwortlich ist. Man ist nicht nur vor seinem Gewissen verantwortlich, man ist auch für sein Wissen und Gewissen verantwortlich. Er beschließt, den Kriegsdienst zu verweigern, eine Entscheidung, die ihm nicht in den Schoß gefallen ist; um die er gerungen hat. Er hat sie mit seinem Bischof besprochen. Der will ihm das Gewissen nehmen und erklärt, dass er als ungebildeter Mensch für solche Fragen nicht verantwortlich sei. Die Obrigkeit ist verantwortlich, die kirchliche und die weltliche. Dieser Bischof hält noch bis nach dem Krieg die Entscheidung von Jägerstätter für unverantwortlich. Er schreibt 1946:

> „Ich habe umsonst ihm die Grundsätze der Moral über den Grad der Verantwortlichkeit des Bürgers und Privatmannes für die Taten der Obrigkeit auseinandergesetzt und ihn an seine viel höhere Verantwortung für seinen privaten Lebenskreis, besonders für seine Familie erinnert."

Jägerstätter wird wegen Wehrkraftzersetzung zum Tode verurteilt und am 9. August 1943 enthauptet. Nach dem Krieg unterdrückt der Bischof die Publikation des Falles Jägerstätter in seinem Bereich. Kein Denkmal, keine Erinnerung, keine Geschichte, die dem Leben dient, jedenfalls zunächst nicht. Zunächst ist er auch nach dem Krieg der Vaterlandsverräter, und seine Witwe bekommt es im Dorf zu spüren. Das Denkmal kommt später, als es ungefährlich ist, es zu setzen. Jägerstätter wird 2007 von der katholischen Kirche seliggesprochen.

Das Leben und der Tod dieses Menschen erinnern mich an die Geschichte einer wehrlosen und unbezwingbaren Schönheit. Ich höre sie und erinnere mich nicht nur daran, was ihm angetan worden ist. Seine Geschichte bildet mich. Sie lehrt mich wünschen. Sie ist auch Trost, es ist die Erinnerung einer unzerstörbaren Würde. Dieser Mensch mit seiner Geschichte ist heilig wie das gebrochene Brot des Abendmahls. „Seht, welch ein Mensch!", sage ich nicht nur im Entsetzen darüber, was ihm angetan wurde: Mitten in der Zerstörung des Lebens lehrt der Mut, die Stärke und die unbezwingbare Würde dieses Menschen, dass das Leben möglich ist. Seht die Schönheit dieses Menschen! Welch ein Widerspruch: die Geschichte, die einem die Sprache verschlägt, lehrt zugleich, das Leben zu preisen. Manchmal wächst die Schönheit mitten im Land des Todes, wie sein Beispiel zeigt. Wir haben kein Recht, nur die Zerstörung zu nennen. Wir haben die Pflicht und den Trost wahrzunehmen, dass dort ein Leben gelungen ist inmitten der Zerstörung. Diese Geschichte ist wie ein Mantel, der unser Leben wärmt.

Eine Tradition haben, heißt an die Stelle der Toten zu treten, nicht nur um ihre Arbeit fortzusetzen. Wenn wir uns ihrer erinnern, haben wir auch teil an ihrer Vision und an ihrem Glauben an das Leben. Wir sind nicht mehr zu verzweifelter Heutigkeit verdammt, wir haben eine Herkunft in den Geschichten der Toten. Eine Tradition haben, heißt, nicht für alles stehen müssen. Wir haben die Bilder der Toten. Sie lehren uns klagen über das, was ihnen angetan wurde, sie lehren uns das Leben loben in allem, was ihnen gelungen ist. Wir sind nicht nur auf unsere eigene Stärke angewiesen. Die Erinnerung bildet unsere Seele. Wir lernen unser Gewissen, und wir lernen wünschen, selber gut zum Leben zu sein. Die Toten wärmen uns mit den Mänteln ihrer Geschichten.

Es gibt Menschen, die es nicht ertragen, Söhne oder Töchter zu sein. Sie ertragen es nicht, eine Herkunft und eine Tradition zu haben, Tote zu haben, die vor ihnen gelacht und geweint, geliebt und geträumt haben. Sie sind gezwungen, Originale zu sein und alles in eigenem Namen zu tun und zu verantworten. Welcher Zwang, erster zu sein! Welcher Zwang, den Trost der Toten nicht zu kennen! Wir kommen nicht aus dem Nichts, und wir gehen nichts ins Nichts. Wir haben Väter und Mütter. Wir haben Tote, deren Träume wir weiterträumen und deren Hoffnung wir weitertragen. Wer sich nur an sich selbst erinnert, lebt kärglich und seine Lebenszuversicht ist dürftig. Mehr Lebensmeisterschaft als die eigene hat er nicht. Tote haben, eine Herkunft haben, heißt, dass man nicht an sich selber verhungern muss. Es gibt in unserem Land auch Menschen genug, die es nicht ertragen, Söhne und Töchter zu sein, weil ihre Väter und Mütter so tief in die Verbrechen verwickelt waren. Vielleicht müsste man auch ihrem Leiden ein Denkmal setzen

Das Leben wird vorbereitet durch Erzählungen über die Toten. Auch das gilt: Der Tod wird vorbereitet durch die Erzählungen über die Toten. „Mortui viventes obligant." – „Die Toten verpflichten die Lebenden." Steht auf vielen Kriegerdenkmalen. Welche Toten verpflichten? Wozu verpflichten sie? Wozu verpflichtet der große Klotz mit der Inschrift von Heinrich Lersch: „Deutschland muss leben, auch wenn wir sterben müssen."? (Ich wünsche übrigens, dass dieses Denkmal stehen bleibt und dass seine Schrift nicht ausgelöscht wird. Es muss auch Erzählungen und Denkmale unserer Schuld geben.) Sie verpflichten zum Götzendienst, zum Opferdienst für ein vergötzten Vaterland. Das Opfer wird zur Garantie des Sinns. Wir kennen die Sprüche, die den Opfertod preisen.

„Heldenwangen blühen
schöner auf im Tod."
(Max von Schenkendorf)

Der Germanist Gustav Roethe schreibt 1915:

„Das kostbare an der deutschen Treue ist das rückhaltlose Einsetzen des ganzen Menschen, das nicht dingt, nicht wägt, nicht schwankt, sondern durchhält bis zuletzt, und mag der Erdball darüber in Trümmer gehen."

Wir wissen: Er ist in Trümmer gegangen. In Hamburg-Altona steht im Garten der Johanniskirche eine 1925 errichtete Stele als Kriegerdenkmal, die an die Toten eines Infanterieregiments aus dem ersten Weltkrieg erinnert. Martialische Inschriften deuten den Tod der Soldaten und verherrlichen Krieg und Heldentum. Ein Soldat hält ein riesiges Schwert. Das war die alte Erzählung vom Tod der Helden. „Niemand hat eine größere Liebe" als sie, die für Volk und Vaterland ihr Leben gelassen haben. Und nun eine schöne Gegengeschichte: Eine Gruppe in der Gemeinde bezweifelte diese alte Erzählung, und um das alte Denkmal wurden 1996 drei große Gläserne Tafeln gestellt, die ausgemergelte, leidende Gestalten zeigen. Es sind keine Helden, es sind durch den Krieg geschundene Figuren, die an KZ-Häftlinge erinnern. Dies ist eine Gegenerzählung, die Krieg und Opfer nicht mehr verherrlicht, sondern von Schuld und Schrecken erzählt.

Es erzählen nicht nur die Denkmale aus Stein. Die Straßennamen einer Stadt sind Erzählungen davon, was Menschen wichtig ist und woran sie erinnern wollen. Auch sie haben eine Botschaft – die Tannenbergplätze, die Roonstraßen, die Gneisenauplätze, die Waterloostraßen, die Sedanstraßen, die Lieder der Schlachten und Generäle! Das theologische Institut der Hamburger Uni liegt in der Sedanstraße. Zur Zeit des Höhepunktes der Friedensbewegung haben unsere Studierenden beim

Hamburger Ordnungsamt eine Eingabe gemacht: Die Sedanstraße sollte in Sesamstraße umbenannt werden. Dem wurde nicht stattgegeben.

Ich schließe mit einer kleinen Meditation, mit Gedanken über Ernst Barlachs schwebenden Engel in der Antoniterkirche in Köln, ursprünglich ein Mahnmal von 1927 aus dem Dom zu Güstrow, das an die Gefallenen des Ersten Weltkriegs erinnert. Viele von Ihnen werden ihn kennen. „Der Schwebende" ist ein unheroisches Denkmal, das nichts verklärt, sondern nur den Schmerz über die sinnlosen Tode ausdrückt. Darum wurde der Engel als entartete Kunst von den Nationalsozialisten mit Zustimmung der Kirche eingeschmolzen. Die Figur trägt die Gesichtszüge von Käthe Kollwitz. Sie hängt über einer Steinplatte mit den Jahreszahlen der beiden Weltkriege. Ein Engel behütet die Toten, die Opfer der Kriege. Er beschönigt nichts. Er behauptet nicht, das grausame Sterben hätte einen Sinn gehabt. Er behauptet nicht, die toten Soldaten jener Kriege seien Helden gewesen und niemand habe eine größere Liebe gehabt als jene. Er behütet die Toten, die ihr Leben nicht gegeben haben für irgendetwas, sondern denen es genommen wurde für nichts. Man muss etwas über den Tod der Toten sagen können; dass er jemandem oder einer großen Sache gedient habe. Man muss etwas über sie erzählen können. Der Engel sagt nichts. Er schweigt. Er hat keine Botschaft, die ihren Tod verklärt. Er hat nur einen Auftrag: er muss die Toten behüten. Er behütet diese Toten, die umsonst gestorben sind und von deren Tod niemand lebt. Diese Toten brauchen den Trost des Engels, weil ihr eigener Tod sie nicht tröstet. Sie können nicht stolz sein auf ihren Tod. Ihre Väter und Mütter, ihre Bräute und ihre Kinder können nicht stolz auf den Tod dieser Toten sein. Sie sind für nichts gestorben, nicht alt und lebenssatt, nicht für Volk und Vaterland. Sie wurden den Dämonen geopfert. Ihr Tod hat dem Leben nicht gedient, ihr Blut hat das Land besudelt, nicht gedüngt und nicht gereinigt wie der Tod von Franz Jägerstätter. Wer anders könnte sie trösten als dieser schweigende Engel.

Man muss auch die Engel behüten, diese Boten, die keine andere Botschaft haben als den Hinweis auf das sinnlos vergossene Blut. Das hat man ihm vorgeworfen, dass er keine gute Nachricht über den Tod der Toten hatte, sondern nur seine Tränen über sie. So haben es die

Kirchenmänner in Güstrow damals gesagt: „Der slawische Engel ist nicht würdig, den Güstrower Dom zu schmücken." Er hatte ja keine gute Botschaft über den Tod dieser Toten. Die eifrigen Kirchenleute haben ihn den Dämonen jener Zeit ausgeliefert. Die Dämonen haben ihn zerstört und eingeschmolzen. Der Erlös ging als Blutgeld an die Kirchen. Man muss die Engel bewachen, die die Toten trösten, die aber nichts Tröstliches über den Tod der Toten zu sagen wissen. Behütet die schweigenden Engel.

Reinhard Hauff, Pastor einer Landgemeinde in Baden-Württemberg, fasst die Erfahrungen seiner Arbeit im internationalen kirchlich-entwicklungspolitischen Bereich seit 2001 zusammen. Der konziliare Prozess begann im Ökumenischen Rat der Kirchen 1983 in Vancouver. Viel ist seitdem mit Fair Trade, mit Partnerschaftsprojekten, im Bildungs- wie Gesundheitsbereich geschehen. Dennoch sei die Welt seitdem kaum gerechter oder sozialer geworden, was Hauff auf die Unfähigkeit des Kapitalismus zurückführt, die weltweiten materiellen und sozialen Probleme (Hunger, Arbeit, Energie, Klima) lösen zu können. Am Kapitalismus sei aber kirchlicherseits fast immer festgehalten worden. Hauff kritisiert dies und hält dennoch an reformerischen Maßnahmen fest. Sein Fazit: „Niemand hat die definitive Antwort, aber wir alle tragen Verantwortung."

Reinhard Hauff

Gerechtigkeit, Frieden, Bewahrung der Schöpfung
Der Beitrag des DEAB zum Konziliaren Prozess

Mitten in Hunger und Krieg feiern wir, was verheißen ist: Fülle und Frieden. Mitten in Drangsal und Tyrannei feiern wir, was verheißen ist: Hilfe und Freiheit. Mitten in Zweifel und Verzweiflung feiern wir, was verheißen ist: Glauben und Hoffnung. Mitten in Furcht und Verrat feiern wir, was verheißen ist: Freude und Treue. Mitten in Hass und Tod feiern wir, was verheißen ist: Liebe und Leben. Mitten in Sünde und Hinfälligkeit feiern wir, was verheißen ist: Rettung und Neubeginn. Mitten im Tod, der uns von allen Seiten umgibt, feiern wir, was verheißen ist durch den lebendigen Christus. 1983, ÖRK in Vancouver, Kanada

Oder: Wie lange noch liebt der Hamster sein Rad?

Begonnen hat der Konziliare Prozess auf der VI. Vollversammlung des Ökumenischen Rates der Kirchen (ÖRK) in Vancouver (Kanada) 1983, wo die Stationierung von Massenvernichtungswaffen diskutiert und als

Gegengipfel in Rostock, 2007: Nach dem ökumenischen Gottesdienst in der
Rostocker Marienkirche auf dem Weg zur Demonstration gegen die Politik
der G8, die sich zeitgleich in Heiligendamm versammelt. Foto erlassjahr.de

Verbrechen gegen die Menschheit bezeichnet wurde. Man einigte sich
auf einen „konziliaren Prozess gegenseitiger Verpflichtung auf Gerechtigkeit, Frieden und Bewahrung der Schöpfung." Dabei ging es um eine
globale christliche Initiative gegen Rassismus, Sexismus, Militarismus,
Unterdrückung der Kasten und Klassenherrschaft. Diese Impulse wurden
im *Dachverband Entwicklungspolitik Baden-Württemberg e.V.* (DEAB)
aufgenommen und spielen bis heute eine wichtige Rolle.

In der entwicklungspolitischen Diskussion wiederholen sich auffallend
gewisse Ansätze, die auf lange bekannte Probleme ganz neue Antworten zu haben vorgeben. Die Probleme sind aber im Lauf der letzten
40 Jahre – das ist in etwa der Zeitraum, den ich aus eigener Anschauung beurteilen kann – nicht weniger, sondern mehr und gravierender
geworden. Dazu zählen die Klima- und Rohstoffkrise, die Finanz- und
Wirtschaftskrise seit 2008, die Nahrungsmittelkrise, eine zunehmende

Militarisierung internationaler Konflikte und manches mehr – genau jene Bereiche, die im DEAB sowie im Konziliaren Prozess im Blick sind.

Wenn ich feststellen muss, dass mit bestimmten Analysen und Methoden die Probleme nicht zu bewältigen sind, dann muss ich Analysen und Methoden überdenken und verändern. Genau das geschieht aber m.E. in der Entwicklungspolitik kaum. Man läuft weiter, wie der sprichwörtliche Hamster im Rad. Möglicherweise liegt der Grund dafür auch darin, dass es unpopulär ist zu sagen, was eigentlich auf der Hand liegt: Dass das derzeit herrschende ökonomische Modell, die kapitalistische Weltwirtschaft, in keiner Weise geeignet ist, auf die aktuellen globalen Herausforderungen adäquat zu reagieren. Oder wie der Multimilliardär und Großinvestor Warren Buffett formulierte: „Es herrscht Klassenkrieg, richtig, aber es ist meine Klasse, die Klasse der Reichen, die Krieg führt, und wir gewinnen." Ich möchte dies an einigen Beispielen verdeutlichen:

Verbesserung von Kooperation und Effizienz

Große, lange vorbereitete und teure Konferenzen der so genannten „Geberländer" – diese Bezeichnung ist angesichts historischer und aktueller Süd-Nord-Transfers mehr als fragwürdig – Anfang 2005 in Paris (*Paris Declaration on Aid Effectiveness*), 2008 in Accra, 2011 in Busan und 2014 in Mexiko sollten die Entwicklungszusammenarbeit (EZ) effizienter machen. Die jeweiligen Ergebnisse realisierten sich bestenfalls auf dem Papier, in Mexiko kam letztlich weniger heraus als in Paris geplant war. Die neuen Superformeln sind jetzt „post-2015 agenda" und „Sustainable Development Goals (SDGs)". Nachdem also die im Jahr 2000 formulierten globalen Entwicklungsziele (MDGs) bis 2015 jedenfalls in den Armutsregionen nicht erreicht wurden, sollen es die neuen Rezepte nach 2015 richten. Wer soll daran ernsthaft glauben?

Die gern zitierten Teilergebnisse in Sachen Reduzierung der Zahl der hungernden Menschen kam nur durch das rasante Wachstum der Mittelklassen in China und Indien zustande – um den Preis unermesslicher ökologischer Schäden, z.B. Smog und kontaminierte Gewässer in Indien und China. Die globalen Rahmenbedingungen, insbesondere in den Bereichen ökonomischer Ressourcen und politischer Macht, haben sich praktisch nicht verändert. Die globale Ungleichheit bei der Verteilung von Macht und Ressourcen hat sich noch vergrößert.

Ein brillantes Beispiel für „effiziente" EZ ist Haiti. Nach dem verheerenden Erdbeben im Januar 2010 wurden bereits im März jenes Jahres elf Milliarden(!) US-Dollar an Hilfsgeldern versprochen (die von der UNO für Syrien angestrebte Hilfe liegt bei der Hälfte dieser Summe). Die höchste Summe, die je ein Land erhalten hat. Eine hochrangige internationale Koordinierungsgruppe unter Leitung des ehemaligen US-Präsidenten Bill Clinton wurde eingesetzt. Haiti sollte ein Paradebeispiel für effektiven Wiederaufbau und effiziente EZ werden. Leider gibt es bis heute – vorsichtig formuliert – keine zufriedenstellenden Ergebnisse. Wer den Dokumentarfilm von Raoul Peck „Tödliche Hilfe" gesehen hat, muss mit der haitianischen Schriftstellerin Yanick Lahens feststellen: „Die Reflexe der haitianischen Oberschicht und der internationalen Gemeinschaft haben wieder die Oberhand gewonnen und wir sind zum Status Quo ante zurückgekehrt." Eher noch schlimmer, so Lahens, „weil viel mehr Geld im Spiel ist."

Die neue Privatisierungsinitiative der Geberländer ist ein durchsichtiges politisches Manöver im Sinne der großen Konzerne und Banken. TTIP, CETA und TISA lassen grüßen. BMZ-Minister Müller ist bzgl. der Einbeziehung der Privatwirtschaft in Entwicklungsbemühungen zuversichtlich. Nach den Misserfolgen der *Public Private Partnerships* (PPP) der letzten Jahre bleibt er allerdings eine Begründung seines Optimismus schuldig. Im Bereich der Landwirtschaft sind Agrosprit und Landraub – *landgrabbing* – sicher zwei der „Erfolge" von PPP.

Das Netzwerk europäischer Erlassjahrinitiativen Eurodad stellte in einer Studie fest, dass 20 Prozent der bilateralen Hilfe weltweit konditioniert – d.h. an Bedingungen zum Vorteil der Geber geknüpft – sind. Vom Rest gehen fast 70 Prozent der Aufträge an Unternehmen im Norden. Und wenn überhaupt im Partnerland eingekauft wird, kommen in mehr als der Hälfte der Fälle Filialen nördlicher Unternehmen zum Zug. Für nur etwa 7 Prozent der Hilfsgelder werden im Partnerland Aufträge erteilt oder Güter beschafft. Hinzu kommt, dass in aller Regel die „Experten" aus Europa, Kanada, China, Japan oder USA festlegen, was für die Länder im Süden gut ist. Die Projekte müssen zunächst den Länder- und Regionalschwerpunkten sowie den aktuellen Strategien und Rastern der hiesigen Ministerien oder Organisationen entsprechen. Experten aus den jeweiligen Ländern, auch solche die in Ländern des Nordens leben, werden viel zu wenig gehört und einbezogen. EZ auf Augenhöhe?

Zivilgesellschaftliche Organisationen formulierten 2011 in einem globalen Konsultationsprozess die so genannten Istanbul Prinzipien: Entwicklung kann nur wirksam sein wenn sie dazu beiträgt die Menschenrechte umzusetzen, soziale Gerechtigkeit zu erreichen, die Gleichstellung der Geschlechter zu verwirklichen und Umweltschutz voran zu bringen. Dazu brauchen sie aber Rahmenbedingungen, die von der Versammlungsfreiheit über den Zugang zu Informationen bis zu garantierten Mitsprachemöglichkeiten reichen. In vielen Ländern ist man davon weit entfernt, gleichzeitig werden viele dieser Länder von den Industrieländern aktiv unterstützt – Katar, Saudi Arabien und die Türkei mit ihrer „Ausstrahlung" in den gesamten Nahen und Mittleren Osten sind nur einige Beispiele dafür.

Arbeitsschutz und geregelte Arbeitsbedingungen

Die erste internationale Arbeiterschutzkonferenz fand 1890 statt, die Gründung der Internationalen Arbeitsorganisation (ILO) folgte 1919. Sie legte im Lauf der Jahrzehnte weltweit gültige Kernarbeitsnormen wie eine maximale Wochenarbeitszeit, einen minimalen Jahresurlaub, das Recht auf gewerkschaftliche Organisation, Abschaffung von Zwangs- und Kinderarbeit etc. fest. Diese Normen gelten eigentlich in allen Mitgliedsländern der Vereinten Nationen. Das verhinderte nicht die fortgesetzten Desaster in nahezu allen Bereichen der Arbeitswelt, insbesondere im globalen Süden. Gerade über unmenschliche Bedingungen in der Kakao-, Stein- und Textilproduktion wurde in letzter Zeit ausführlich berichtet. Und jetzt möchte BMZ-Minister Müller mit der Textilindustrie ein Abkommen bzgl. Arbeitsschutz und Arbeitsbedingungen aushandeln. Das ist angesichts des Scheiterns der CCCC-Initiative, Codex für die Kaffeeproduzenten, sowie anderer Vorgänger-Initiativen (z.B. in der Chemie- und Agrar-Industrie) ein kühnes Unterfangen. Am

3. Juni 2014 hörten wir aus Genf: Für mehr als 70 Prozent der Weltbevölkerung gibt es keinen angemessenen sozialen Schutz. Dies zeigt der neue „ILO Weltbericht zur sozialen Sicherung 2014/15". Nur 27 Prozent der Weltbevölkerung haben, 95 Jahre nach Gründung der ILO, Zugang zu umfassenden sozialen Sicherungssystemen.

Welthandel ohne faire Handelsbedingungen

Koloniale und postkoloniale Ausbeutung des Südens, die Gründung von internationalen Industrie-Kartellen ab 1864, das weitgehende Scheitern von GATT, UNCTAD und die Schäden für die Länder des Südens durch die WTO-Verträge bis zur Neubelebung des IWF durch die europäische Finanzkrise und die Geheimverhandlungen über TTIP und TISA – all das zeigt: Es gibt – abgesehen von „Nischen" – keine spürbaren Verbesserungen für wirtschaftlich schwache Länder, keine Stabilität bei Währungskursen oder Rohstoffpreisen, keine substanzielle Verbesserung der Lebensbedingungen für die Mehrheit der Menschen im Süden. Stattdessen führt der Zwang zur Marktöffnung durch verschiedene Freihandelsabkommen (EPAs etc.) zu weiterer Verelendung. Manches erinnert an die deutsche und europäische Strategie von 1865 gegenüber z.B. dem Kongo und ist eine Fortsetzung kolonialer Ausbeutung. Im Dezember 2013 traf sich die WTO-Ministerkonferenz in Bali. Die afrikanischen Länder und die am wenigsten entwickelten Länder (LDCs) gehören – das war unter NGO-VertreterInnen Konsens – erneut zu den Verlierern der WTO-Verhandlungen. Francisco Marí, Referent für Agrarhandel und Fischerei bei Brot für die Welt (BfdW), sprach von einem „massiven Angriff der WTO auf Kleinbauern und Kleinbäuerinnen und arme städtische Bevölkerungen in Entwicklungsländern" (http://info.brot-fuer-die-welt.de/blog/wto-konzerne-ist-zurueck, letzter Aufruf: 23.3.2015).

Ökologie, Ressourcenschutz, Nachhaltigkeit

1973 schreckte der Bericht des Club of Rome „Grenzen des Wachstums" die Weltöffentlichkeit auf. Im selben Jahr stieß Weltbank-Präsident

Robert Mc-Namara in die „Nairobi-Fanfare" und mahnte: Die sozialen Verhältnisse in der „Dritten Welt" verschlechterten sich zunehmend und dies trotz teilweise erheblichen Wirtschaftswachstums in den Entwicklungsländern.

Seitdem ist klar geworden, dass das Wirtschaftswachstum der Industrienationen ein zerstörerischer Irrweg ist, der u.a. durch den Klimawandel viele Menschen ihrer Heimat, ihrer Existenzgrundlage und damit ihrer Menschenwürde beraubt. Bereits 1974 diskutierte eine Konferenz des Ökumenischen Rates der Kirchen (ÖRK) das Konzept einer „gerechten, partizipativen und lebensfähigen Gesellschaft" (*Just, Participatory and Sustainable Society*, kurz: JPSS). Seitdem war der Begriff „Sustainability" (damals noch mit „Lebensfähigkeit" übersetzt) in die internationale Debatte eingeführt. 1992 kam die große UN-Konferenz zu Umwelt und Entwicklung mit ihrer Agenda 21. Klimakonferenzen und Klimaprotokolle folgten, aber spätestens nach dem Weltklimagipfel in Kopenhagen 2009 war klar, dass auch aus diesem Prozess keine „nachhaltigen" Ergebnisse zu erwarten sind. Eine aktuelle Studie zu Palmöl von BfdW u.a. zeigt: Palmöl und Agrotreibstoffe sind keinesfalls umwelt- und sozialverträglich, auch wenn von interessierter Seite das Gegenteil behauptet wird. Dies gilt ebenso für die industrielle Landwirtschaft, für den Bereich der Mobilität oder Produktionskonzepte der Großindustrie. Wenn die Empfehlungen des Weltklimarates nicht eingehalten werden, wird uns der Klimawandel in den nächsten Jahrzehnten eine äußerst schmerzhafte Agenda aufzwingen.

Welternährung

Die Welternährungs-Konferenz 1996 in Rom – inhaltlich eine Vorwegnahme der MDGs bzgl. Hungers – verlief ebenso im Sand wie die MDGs selbst. Analysen von Jean Ziegler und anderen zeigen, dass die weltweite Produktion von Nahrungsmitteln für 12 Mrd. Menschen ausreicht, aber immer noch leidet rund eine Milliarde Menschen chronisch unter Hunger. *Landgrabbing*, grüne Gentechnik sowie Finanzspekulationen auf Ernten und fruchtbares Ackerland entziehen vielen Kleinbäuerinnen und Kleinbauern weltweit ihre Existenzgrundlage. Verbote bzgl. dieser erwiesenermaßen zerstörerischen Praktiken sind nicht in Sicht. Obwohl auch die Weltbank vor wenigen Jahren dokumentiert hat, dass gerade die kleinbäuerliche Landwirtschaft die Ernährung der Menschheit im Einklang mit der Natur sicherstellen kann. Deshalb machte die UNO das Jahr 2014 zum Jahr der kleinbäuerlichen Landwirtschaft. Konkrete Konsequenzen sind nicht in Sicht, die Lobby der Agrarindustrie ist offenbar zu mächtig.

Frieden, Waffenhandel, Export von Kriegsgerät

Das 20. Jahrhundert war geprägt von zwei Weltkriegen, zwei Atombombenabwürfen, dem Kaltem Krieg mit noch mehr Kriegstoten und fast nuklearer Vernichtung, Genoziden und rücksichtsloser Ausbeutung von Natur und Mensch – viele Sozialwissenschaftlerinnen und Sozialwissenschaftler nennen es einen „Rückfall in die Barbarei". Die Gründung des ÖRK 1948 stand unter der Überschrift „Krieg soll nach Gottes Willen nicht sein". Eine aktuelle Studie aus USA belegt die deutliche Überlegenheit friedlicher und gewaltfreier Interventionen im Verhältnis zu militärischen. Zivile Friedensdienste gibt es mittlerweile in vielen Ländern und Friedensfachkräfte leisten gute Arbeit. Im Jahr 2013 waren in keinem Land mehr als 9 deutsche zivile Friedensfachkräfte (ZFD'ler), aber in etlichen Ländern deutlich mehr Soldaten der Bundeswehr. In den 1980er Jahren unterstützte die GTZ den Bau der größten Waffenfabrik im Sudan, dort werden in Lizenz u.a. deutsche Sturmgewehre produziert, derer sich auch extrem brutale Milizen im Sudan gerne bedienen. Am 18.06.2014 kam die Meldung, dass Deutschland Panzer, Lizenzen und eine ganze Fabrik für Panzerbau an Algerien liefert. Die Liste ähnlicher Exporte ist lang. Dazu passte die Meldung am 19.06.2014, dass die US-Atomwaffen in Büchel im Taunus bleiben und modernisiert werden – trotz gegenteiliger Versprechen der Regierungen der USA und Deutschlands. Eine ernsthafte Friedenspolitik sähe anders aus. Aber Rüstungsproduktion ist attraktiv – überschaubare Märkte, hohe Profitraten und bei gleichbleibender Politik gleichbleibend hohe Absatzquoten.

Land in Sicht?

Innerhalb dieses Weltwirtschaftssystems und dieser politischen Rahmenbedingungen (einschließlich des militärisch-industriellen Komplexes) kann es offensichtlich keine Lösung geben. Die derzeit herrschende Wirtschaftsweise – der Kapitalismus – hat sich als unfähig erwiesen, die Herausforderungen unserer Zeit auch nur ansatzweise zu lösen. Der Kapitalismus ist – gemessen an seinen eigenen Ansprüchen und erst recht gemessen an dem Anspruch der allgemein anerkannten Menschenrechte – gescheitert. Jean Ziegler bezeichnete den Hungertod von Menschen als Mord, auch Papst Franziskus sagt es kurz und bündig: „Diese Wirtschaft tötet." Mord und Totschlag sind Gewaltverbrechen. Gleichwohl mag der Kapitalismus – euphemistisch auch „Marktwirtschaft" genannt – in fast allen Staaten weiter legal sein, aber er ist nicht legitim. Darüber müssen wir offen reden: Dass jede Form kapitalistischer Wirtschaft illegitim ist, ebenso illegitim wie Mord und Totschlag. Dieses Modell ist ethisch, ökonomisch und ökologisch am Ende. Und wenn wir es nicht bald überwinden, dann wird es uns überwinden.

Was bleibt zu tun?

Es geschieht tausendfach seit vielen Jahren und doch zu wenig und es wird viel zu wenig kommuniziert: Grundlegend andere Formen von Wirtschaft und Politik, von Ressourcenschonung und -verteilung, von Konfliktprävention und gewaltfreier Konfliktregelung werden oft erfolgreich praktiziert und sind weiter zu erproben, zu erforschen, auszubauen, zu institutionalisieren und an den jeweiligen Kontext anzupassen. Statt der Ideologie des Kapitalismus brauchen wir ein System des fairen sozialen Ausgleichs und des ökonomisch-ökologischen Gleichgewichtes. Demokratische und dezentralisierte ökonomische Modelle wie Genossenschaften, Wohnungssyndikate, Tauschringe oder die Gemeinwohlökonomie eröffnen neue Perspektiven. Eine grundlegende Demokratisierung der Wirtschaft mit einer Größenbegrenzung von Unternehmen (inkl. Banken) im Sinne von Transparenz und Demokratie, einer Höhenbegrenzung von Gehältern und Einkommen im Sinne der Gerechtigkeit sowie einer öffentlichen Kontrolle der Unternehmen im Sinne des Gemeinwohls scheinen unerlässlich. Varianten der Subsistenzökonomie von *urban gardening* bis zu Unternehmen in Belegschaftshand wären weiter zu stärken. Politische Selbstorganisation wie sie in vielen NGOs, aber auch in Dörfern, Stadtteilen – z.B. *transition towns* – oder ganzen Regionen rund um den Globus funktioniert, ist weiter zu entwickeln. Die vielen Beispiele gewaltfreier Interventionen in Krisen und Konflikten und vieles andere lehrt: Es geht anders, als es uns gemeinhin vorgemacht wird – und: Anders geht es besser. Nicht perfekt, aber besser. Und es macht Menschen *wieder* zu *Subjekten* ihrer Geschichte.

Sicher, neue Wege zu gehen kann Angst machen. Ein Sprichwort in Lateinamerika sagt: „Lieber das Schlechte, das ich kenne, als das unbekannte Gute!" Aber wirkliche Angst müssen wir nur davor haben, dass alles so weitergeht wie bisher. „Wer will, dass die Welt bleibt wie sie ist, der will nicht dass sie bleibt." (Erich Fried)

Da gilt es Modelle kennenzulernen, sich über Erfahrungen und Ideen auch international auszutauschen, sich gegenseitig zu ermutigen, sich zuzuhören, zu vernetzen und Unterschiede als Bereicherung zu sehen. Gute Ansätze dazu sehe ich u.a. im Weltsozialforum und auf lokaler Ebene im Stuttgart Open Fair sowie in vielen anderen Netzwerken und Aktionsbündnissen. Die im DEAB engagierten Menschen haben sich in den 40 Jahren seines Bestehens in zivilgesellschaftlichen Strukturen mit den genannten Inhalten beschäftigt, Wege der Umsetzung unter oft widrigen politischen Bedingungen gesucht und oft auch gefunden. Manche sind dabei manches Mal über die Grenze ihrer Kräfte gegangen.

Niemand hat die definitive Antwort, aber wir alle tragen Verantwortung.

Eine interessante Fortsetzung des Konziliaren Prozesses sehe ich auf ökumenischer Ebene: Der ÖRK lädt seit seiner 10. Vollversammlung, Ende 2013 in Busan in Südkorea, zu einem „Pilgerweg der Gerechtigkeit und des Friedens" ein. Einen Pilgerweg geht man am besten in solidarischer Gemeinschaft. So auch diesen Weg in eine neue Ökonomie, eine neue Politik, eine neue Art des Zusammenlebens, eine neue Art in der Schöpfung und mit ihr zu leben (s. http://www.oikoumene.org/de/was-wir-tun/

pilgerweg-der-gerechtigkeit-und-des-friedens?set_language=de, letzter Aufruf: 19.7.2017).

Ich wünsche den im DEAB Aktiven Freude und Mut, Scharfsinn und Humor, Gelassenheit und Entschlossenheit, auch die nächsten 40 Jahre immer wieder neue Wege zu gehen. Und immer mehr WeggefährtInnen.

In einer autobiographischen Erzählung schildert der Theologe und Lehrer i.R. Reinhold Fertig den staatlichen Vernehmungsprozess gegen ihn aufgrund seiner als verfassungsfeindlich eingestuften Aktivitäten und der Mitgliedschaft im Kommunistischen Bund Westdeutschland.

Fertig argumentiert ökonomisch (Privateigentum) und juristisch (hessische Verfassung), er ist in seinem Anliegen angstfreier als seine Ankläger. Seine eigene Grundhaltung führt er auf seinen antifaschistischen Großvater und auf Streitgespräche in seiner Schulzeit zurück. Der Kampf gegen Faschismus und kollaborierenden Liberalismus müsse mit den fortschrittlichen sozialen bzw. sozialistischen Bewegungen bis zu einem erfolgreichen Ende fortgesetzt werden.

Reinhold Fertig

Ohnmacht der Mächtigen –
Macht der Machtlosen

Es war schon alles klar. Nur noch ein letzter formaljuristischer Akt. Korrekt sollte es ja zugehen im Rechtsstaat BRD. Ein schöner Herbsttag, strahlende Sonne, angenehm warm. Ich fühle mich wohl, bin guter Laune.

Wie es weitergehen wird? Ich werde mich bewerben in einem kleinen Betrieb nahe der Schule, aus der man mich durch Berufsverbot entfernen will, obwohl eine große Schülerdemonstration – wohl die erste dieser Art im hessischen Schaafheim – gegen meinen Rausschmiss auf die Straße gegangen ist und der Bürgermeister sich gezwungen sah, sein Rathaus zu verrammeln. Die Toilettenfenster zu verschließen, hatte man vergessen. Meine klugen Schülerinnen und Schüler merkten dies sofort und wollten durch sie ins Rathaus. Da das jedoch mit einiger Sicherheit zu Polizeieinsatz und Krawall geführt hätte, zudem meine Schülerinnen und Schüler keinerlei Erfahrung mit solchen Situationen und Aktionen hatte, hielt ich es politisch für klüger, ihnen davon abzuraten. Meine Argumente überzeugten sie; deswegen blieb das Rathaus verschont, diesmal, erst mal.

Heute bin ich eingeladen, vorgeladen zu einem Gespräch, einer Anhörung, einer letzten Vernehmung zu meinen politischen Aktivitäten. Die Begründung für meine geplante Entfernung aus dem Schuldienst ist klar: verfassungsfeindliche kommunistische Aktivitäten, Mitgliedschaft in einer verfassungsfeindlichen Gruppe, dem Kommunistischen Bund Westdeutschland, öffentlicher Verkauf der Kommunistischen Volkszeitung vor Supermärkten in Schaafheim, Agitation gegen die Verfolgung von Abtreibung mit dem Strafrecht durch den §21. An mir liegt es, diese Vorwürfe zu entkräften und so vielleicht meinen Rausschmiss zu verhindern.

Den §218 hatte schon die KPD der Weimarer Zeit bekämpft, nicht weil sie Abtreibung als etwas Schönes und Gutes ansah. Der Kampf der KPD gegen den §218 war Bestandteil des Klassenkampfes: Diejenigen, denen von den herrschenden Verhältnissen eine solche soziale Lage aufgezwungen war, dass sie keinen anderen Ausweg mehr sahen als Abtreibung, wurden dafür noch strafrechtlich verfolgt, in die Hände von Pfuschern und „Engelmacherinnen" getrieben, was oft ihre Gesundheit und sogar ihr Leben gefährdete.

Die besseren Damen hatten kein Problem, wenn sie – aus welchen Gründen auch immer – abtreiben lassen wollten. Ihr Geldbeutel, ihre Beziehungen, ihre Klassenlage überwanden mühelos die vom Strafgesetzbuch errichteten Schranken. Beste gesundheitliche Betreuung, Anwendung modernster medizinischer Technik und höchste Diskretion waren für sie selbstverständlich.

Pünktlich komme ich zu der Anhörung, nehme auf dem mir zugewiesenen Stuhl Platz. Mir gegenüber sitzen die vom Kultusministerium beauftragten seriösen Herren, allesamt erfahrene ältere Beamte. Ich argumentiere inhaltlich und spreche den Herren und damit ausdrücklich dem Staat das Recht ab, von mir Auskunft über Mitgliedschaft in Gruppen, Vereinigungen, Parteien auch nur zu erfragen.

Die Situation ist klar: Auf der einen Seite die höheren Beamten, die ihre Pflicht tun, den letzten Akt des rechtsstaatlich notwendigen

Verfahrens zur Entfernung eines Verfassungsfeindes aus dem Schuldienst durchziehen. Auf der anderen Seite: dieser Verfassungsfeind, der nicht widerruft. Damit nicht genug: Er vertritt seine Position, agitiert selbst in diesem hohen Gremium dafür noch mit Argumenten, deren logische Struktur und inhaltliche Überzeugungskraft die Herren nicht interessiert. Sie interessiert daran allein die Verwertbarkeit für den Nachweis verfassungsfeindlicher Positionen. Und der liegt für sie auf der Hand.

Das Verfahren dürfte schnell abgeschlossen sein, Ende des Jahres wird der Verfassungsfeind aus dem Schuldienst entfernt werden. Das neue Jahr wird für die hessischen Schulen mit einem Verfassungsfeind weniger beginnen. Die seriösen Herren haben ihre Pflicht gut erfüllt. Sie sind die Winner. Das müsste ihnen doch gut tun. Auf der anderen Seite der Loser, schon strafversetzt und nicht mehr im Unterricht eingesetzt, sondern mit Büroarbeiten beschäftigt. Seine weitere berufliche und Lebensperspektive unklar, auf jeden Fall ohne relativ gutes Beamtengehalt, soziale und Pensionsabsicherung und zudem noch in seinen Papieren der schwarze, rote Fleck, der Bewerbungen auf andere Arbeitsplätze sicher nicht erleichtert. Das weiß ich alles, dennoch fühle ich mich nicht als Loser. Die besseren Argumente habe ich. Sie begründen meine Überzeugung, geben mir Sicherheit und Zuversicht.

Sie fragen in immer neuen Varianten, wie ich zum Privateigentum und zum Grundgesetz stehe: „Sie sind gegen das Privateigentum, gegen Demokratie für Diktatur, gegen Unternehmerfreiheit und freie Wirtschaft, das beweisen all ihre Aktivitäten und schriftliche Dokumente, die uns vorliegen. Sind Sie bereit, ihre Meinung zu ändern, für Demokratie einzutreten und künftig alle antidemokratischen Aktionen und Äußerungen zu unterlassen? Können Sie uns das hier glaubwürdig vermitteln?"

Ich antworte: „Es ist notwendig zu unterscheiden zwischen Privateigentum an Gegenständen des persönlichen Bedarfs (Kleidung, Nahrungsmittel, Möbel usw.) und Privateigentum an Produktionsmitteln. Dass jedem Privateigentum an Gegenständen des persönlichen Bedarfs zusteht, bestreite ich nicht. Auch bei Privateigentum an Produktionsmitteln muss man unterscheiden zwischen Handwerkern und Kleinbetrieben einerseits und der Großindustrie und dem Großkapital andererseits, die ja auch Hitler und den Faschismus an die Macht gebracht und mit

Faschismus und Krieg hohe Profite gemacht haben. Der großen Mehrheit der Hessen war dies nach Kriegsende noch sehr gut in Erinnerung.

Deswegen steht auch noch heute in der hessischen Verfassung, dass die Schlüsselindustrien in Gemeineigentum zu überführen sind. Diese Verfassung wurde von mehr als 70% der stimmberechtigten Hessen in einer Volksabstimmung angenommen, während es über das Grundgesetz keine Volksabstimmung gab. Die US-amerikanische Besatzungsmacht verhinderte jedoch die Realisierung dieser von der großen Mehrheit der Hessen gewollten Sozialisierung.

Die hessische Verfassung halte ich für wesentlich fortschrittlicher und demokratischer als das Grundgesetz. Eine Änderung des Grundgesetzes in Richtung der hessischen Verfassung bedeutete für mich ein Zuwachs an Demokratie." Diese und ähnliche Meinungsäußerungen von mir protokollieren sie eifrig, stellen dazu jedoch keine Fragen und beziehen selbst nicht Position. Zudem befragen sie mich immer wieder nach Zugehörigkeit zu linken und kommunistischen Organisationen und reagieren gereizt darauf, dass ich Ihnen das Recht auf solche Fragen abspreche und ihnen vorwerfe, verfassungswidrig Meinungsfreiheit und Freiheit der politischen Organisation einzuschränken.

Während ich gut auf die Fragen der Herren höre, um überzeugend auf sie antworten zu können oder ihre Zulässigkeit zu bestreiten, spüre ich ein seltsames Klima im Raum. Die Herren haben Routine in solchen Verfahren und wissen genau, dass sie sich durchsetzen, sie, die Vertreter des Staates. Dennoch spüre ich, sie sind sehr vorsichtig, unsicher, ja sie haben Angst, tatsächlich Angst. Vor wem? Vor mir? Warum? Was kann ihnen passieren, was befürchten sie? Gut, ich bin von meiner Sache überzeugt, sie tun ihren Job – oder in ihrer Sprache: Sie erfüllen ihre Pflicht. Das kann langweilig und lästig sein, aber warum haben sie Angst? Vor welchen Konsequenzen fürchten sie sich?

Ich gehöre zu einer kleinen, wenn auch manchmal lautstarken Minderheit. Aber die Gefahr, dass wir in absehbarer Zeit die Macht haben werden, um diese Herren zur Rechenschaft zu ziehen, ist wohl auszuschließen – und dessen sind sich diese Herren auch sicher. Dennoch gibt es etwas, das sie verunsichert.

Ich habe ein gutes Gedächtnis und zudem ein Heft, in dem ich wichtige Sätze dieser Herren notiere, auch mal einen Satz wiederholen lasse, weil ich ja verstehen muss, auf was ich antworten, zu was ich Stellung nehmen soll. Schon dadurch sind die verschlossenen Türen und Fenster aufgerissen, jeder Satz ist öffentlich. Und natürlich wissen die Herren, dass ich über diese Verhandlung schreiben werde und dass es ein Flugblatt geben wird, das in Schaafheim verteilt und sicherlich auch bei den Dienststellen und Vorgesetzten dieser Herren landen wird. Diese werden das Flugblatt und Veröffentlichungen über das Verfahren gegen mich sehr genau lesen, wohl kaum, um die Verfassungstreue der mich anhörenden Beamten zu prüfen. In solche Jobs kommen nur Herren, deren sich der Staat sicher ist. Die mich überprüfenden Herren sitzen schon hoch, doch sie haben noch Höheres im Sinne. Es gibt noch besser dotierte, mit noch mehr Ansehen und Macht versehene Posten. Der Kampf um den weiteren Aufstieg findet täglich statt. Auch wenn der Loser bald weg ist vom Fenster, er hat Macht dadurch, dass er Aussagen und Verhalten der Herren, die Höheres anstreben, an die Öffentlichkeit bringt. Seine Veröffentlichungen können Auswirkungen auf ihre Karriere haben. Das macht ihnen Angst, lässt sie vorsichtig agieren.

Nachdem mir das klar geworden ist, wird meine gute Laune noch besser. Ich trete noch selbstbewusster auf und argumentiere noch schärfer. Die Verunsicherung und Angst der Herren nimmt zu. „Woher diese Klarheit, das Selbstbewusstsein und die offensichtlich gute Laune, der Optimismus des Loser, der offenkundig auf völlig aussichtslosem Posten steht?" fragen sie sich. Psychiatrische Erklärungen scheinen ihnen dafür zumindest nicht auszureichen.

Klar ist auf jeden Fall: Der Typ, diese Typen sind gefährlich und so leicht kann man ihnen nicht beikommen. Ihre Hoffnung scheint unbesiegbar. Und diese Typen arbeiten an der Realisierung zumindest von Elementen ihrer Hoffnung. Sie arbeiten nicht gegeneinander. Sie arbeiten zusammen im Kollektiv. Das macht ihre Träume so gefährlich für die Anpassungsprofis, die Realisten des „Es gibt keine Alternative zu den herrschenden Verhältnissen". Die Anpassungsprofis wissen, dass die TräumerInnen, die die Realität gründlich und umfassend analysieren, auf dieser Grundlage kollektiv an deren Realisierung arbeiten und sich auch durch vorübergehende Rückschläge nicht entmutigen lassen, zwar von den herrschenden Klassen unterdrückt, aber nicht auf Dauer ausgelöscht werden können. Das macht ihnen Angst hier und heute und für die Zukunft. Das ermutigt und bestärkt die Träumenden und Hoffenden.

Wie wird man ein Träumender und Hoffender, eine Träumende und Hoffende, woher kommt die Kraft zum Widerstand?

Sicherlich aus der Unerträglichkeit der Verhältnisse, aber auch dadurch, dass man Zugang zur Tradition derjenigen bekommt, die gehofft und widerstanden haben.

Ich denke, dass mich schon als Kind die Erzählungen über meinen Großvater, den die Faschisten als Chef der Krankenkasse abgesetzt haben, der sich aber dadurch nicht entmutigen ließ, beeindruckt haben.

Es waren keine großartig aufgebauschten Heldengesänge. Es gab in diesen Berichten und Erzählungen auch Skepsis: Einige von denen, die sich angepasst haben, mussten zwar nach dem Sturz der Herrschaft der Faschisten für kurze Zeit Einschränkungen hinnehmen. Aber dann kamen sie doch wieder hoch. Hat sich der Widerstand des Großvaters gelohnt oder waren nicht doch die Anpasser die Klügeren? In Mark und Pfennig, in Stufen auf der Karriereleiter hat der Widerstand tatsächlich nicht die optimale Rendite gebracht.

Optimale Rendite war auch nicht sein Ziel. Optimale Rendite hat mich nie interessiert. Geschichten von „Helden und Heiligen" habe ich als Kind und als Jugendlicher verschlungen und bei allen Entwicklungen und auch Veränderungen meiner Positionen, Vorstellungen und Hoffnungen hat sich durchgehalten: Recht haben nicht die Verfolger. Wenn der römische Staat, das römische Imperium die Christen, machtlose Männer, Frauen und Kinder verfolgte, und diese ihm ins Angesicht widerstanden haben, dann sind das meine Vorbilder und nicht Augustus, Nero und Diokletian. Wenn der römische Staat, das römische Imperium so handelt, dann ist grundsätzliches Misstrauen und Bereitschaft zum Widerstand angebracht so auch gegen jeden Staat, der und jedes Imperium, das vergleichbar agiert und erst recht gegen diejenigen, die sich zwar Christen nennen, aber mit den Herrschenden kooperieren oder gar deren Macht vergöttlichen. Als Kind und Jugendlicher habe ich diese Position nicht bewusst entwickelt, sie war mir selbst gar nicht so bewusst. Ich kann mich erinnern, dass ich völlig überrascht war, wie mir von anderen Mitgliedern in der katholischen Jugend, in der ich sehr aktiv war, gesagt wurde, ich sei ein rebellischer Typ, würde oft alles in Frage stellen, hinterfragen.

In der Klasse des Gymnasiums in Bensheim, die ich neun Jahre besuchte, war auch der Sohn des Darmstädter Philosophieprofessors und anerkannten Nietzsche-Spezialisten Karl Schlechta. Mit ihm hatte ich oft heftige ideologische Auseinandersetzungen vor allem in Geschichte, Deutsch und Sozialkunde. Für mich war eine Position nicht einfach deswegen erledigt, weil sie aus dem Mittelalter kam. So fand ich Zugang zum hl. Thomas von Aquin und seiner Philosophie und Theologie und konnte feststellen, dass er in so manchen Punkten klarer und überzeugender argumentierte als moderne Philosophen, auch gerade solche, die ihn in eine reaktionäre Ecke stellten. Ich galt deswegen – nicht immer völlig zu Unrecht – als dogmatischer Katholik. Inzwischen weiß ich, dass man den hl. Thomas vielleicht noch mehr vor manchen seiner angeblichen Anhänger und Freunde als vor seinen Gegnern in Schutz nehmen muss.

Die Mehrheit der Schüler und Lehrer am damaligen Bensheimer Gymnasium war katholisch, aber in Maßen. Und so musste man sich zwar mit mir auseinandersetzen, die Sympathien neigten aber eindeutig zu den „liberalen" Positionen von Schlechta-Vater und Schlechta-Sohn. Schlechta-Vater hielt dann auch zur Abiturfeier eine Rede.

Wie weit es mit dem Liberalismus von Schlechta-Vater her ist, habe ich erst vor kurzem herausgefunden durch nähere Beschäftigung mit dem Philosophen Nietzsche. Professor Karl Schlechta hat die auch heute noch verwendete, bei der Wissenschaftlichen Buchgesellschaft Darmstadt erschienene, dreibändige Nietzsche-Ausgabe herausgegeben. Das war sicher wissenschaftlich verdienstvoll.

Eine gewisse Affinität – nicht Identität – von Nietzsche Positionen mit dem Faschismus ist nicht von der Hand zu weisen. Dies bedeutet nicht automatisch eine gewisse Affinität mit dem Faschismus bei allen, die sich mit Nietzsche beschäftigen. Wie das bei Professor Schlechta aussieht mag jede/r an Hand der (mir zu meiner Schülerzeit leider nicht) bekannten Fakten selbst beurteilen:

Professor Schlechta war schon 1933 NSDAP-Mitglied. 1938 war er Kulturdezernent der Stadt Frankfurt, also faschistischer Politiker und Ideologe in herausgehobener Position.

Für mich resultiert hieraus, dass ich inzwischen alle als „liberal" propagierten Personen und Positionen sehr genau überprüfe und die mit den Herrschenden kollaborierenden Liberalen bis an mein Lebensende bekämpfen, ihre Heucheleien und Kungeleien mit den jeweils Herrschenden gegen das unterdrückte Volk aufdecken werde, im festen Vertrauen darauf, dass sie ihren Einfluss und ihre Macht verlieren, wenn die Ohnmächtigen ihre Resignation und Angst überwinden und gemeinsam aufstehen.

Dreimal hat Birgit Wingenroth die Sozialprojekte in der Gemeinde 22 de abril in El Salvador besucht: 2013, 2014 und 2016. Sie hat Aufzeichnungen gemacht und Interviews geführt, so dass ein lebendiges Bild von der Arbeit in den Sozialprojekten entsteht. Diese wurden von unserem Genossen Pater Gerhard (Jerry) Pöter Anfang der 1980er Jahre aufgebaut und haben sich mit Hilfe eines großen Unterstützerkreises weiterentwickelt. Viele CfS gehören dazu; denn für Jerry Pöter sind die CfS als eine Bewegung, die Christentum und Sozialismus miteinander zu verbinden versteht, seine geistige Heimat.

Birgit Wingenroth

Begegnungen

> *Mein Gesang ist wie eine Kette*
> *ohne Anfang und Ende,*
> *und bei jedem Glied*
> *trifft man auf ein neues Lied*
> *(Monseñor Romero)*

Die Geschichte der Gemeinde 22 de abril

Wie kam das Armenviertel 22 de abril, das an der südlichen Seite der Panamerikanischen Straße am östlichen Rand der Hauptstadt San Salvador liegt, zustande? Der erste Schritt bestand in der Besetzung der Zone um den Müllplatz der Hauptstadt herum. Es gab damals in den 1970er Jahren viele Leute, die in sogenannten mesones lebten. Das waren Zimmer, die als dürftige Bleibe für komplette familiäre Gemeinschaften genutzt wurden. Die Preise stiegen und die armen Leute konnten immer weniger die Miete für die mesones bezahlen. Die Besetzung des Gebietes wurde damals von der christdemokratischen Partei und ihrem Bürgermeister unterstützt. Diese Zeit ist gekennzeichnet durch enorme

Padre Gerardo und MitarbeiterInnen: Frühstückspause während der Kaffeeernte

Fortschritte in der gemeinschaftlichen Organisation, an der sich ein großer Teil dieser Bevölkerung freiwillig beteiligte. Der Name 22 de abril erinnert an das Datum, zu dem die Landbesetzung legalisiert wurde.

Der zweite Schritt ist die Integration der Kriegsflüchtlinge in den 1980er Jahren. Die Guerilla (FMLN) kämpfte damals gegen die salvadorianische Wehrmacht, die wiederum durch die US-Regierung instruiert und finanziell unterstützt wurde. Die Flüchtlinge kamen zu einem großen Teil aus dem Osten, vor allem aus einem Gebiet in der Nähe einer Stadt, die Berlin heißt. In dieser Zeit gab es viele Hilfen, um die Flüchtlinge zu unterstützen. Verschiedene Erdbeben verschärften die Probleme der Armut.

Die dritte Etappe ist geprägt von Jugendbanden, maras, durch tägliche Gewalt und große Angst der Bevölkerung. Unsere pädagogischen Bemühungen versuchen, das Selbstwertgefühl in den Kindern zu stärken und die Freude am Lernen zu fördern. Das machen wir, indem wir uns von konstruktivistischen Einsichten in die Lernprozesse leiten lassen.

Mittlerweile hat sich auf der nördlichen Seite der Panamerikanischen Landstraße eine neue Siedlung gebildet, wo die Menschen in äußerst prekären Behausungen leben, die mit Plastik, Wellblech und Erde errichtet worden sind. Der Name der Siedlung ist Benedición de Dios. Er erinnert an den starken kulturellen und religiösen Einfluss der pfingstlichen Kirchen in diesen Gemeinden. Als unmittelbare Hilfe, besonders für die Benedición de Dios *können wir unsere Gesundheitsstation und die Schulspeisung für die Kinder in der Kindertagesstätte und der Schule nennen.*

Blick auf die Bahnlinie in der Gemeinde *22 de abril*

Gerhard Pöter

Besuche in den Sozialprojekten

Es war mir möglich, in den vergangenen drei Jahren dreimal die Sozialprojekte in der Gemeinde *22 de abril* zu besuchen. Ich habe in den Schulklassen und in der Kindertagesstätte hospitiert, Kinder, Lehrerinnen und Eltern interviewt, Besuche in den Häusern gemacht. So kam es zu Wiederbegegnungen. Ich konnte Lebenswege ein wenig verfolgen. Wiederbegegnungen mit Miguel, dem Leiter der Kindertagesstätte, der mich hineingenommen hat in seine Familie; mit Flor, die mir ermöglicht hat, ihre Eltern und ihre Schwester auf ihrem kleinen Bauernhof in der Nähe von Suchitoto zu besuchen, von wo sie im Bürgerkrieg fliehen mussten; mit Carlos, dem Dichter, der jetzt eine staatliche Schule besucht; mit Keiri, der Tochter einer Müllsammlerin, die noch immer eine Schule am Samstag besucht; mit Oscar und seiner Familie, die eine engagierte Ballett-Schule betreiben, usw. usw. Das Thema „Gewalt" ist bestimmender als beim letzten Besuch.

Unsere Ankunft in El Salvador am 22. März 2016 fiel in die *Semana Santa*. Bei einer Kreuzweggestaltung am Freitag in Soyapango entdeckte

„Marcha" – Eine Demonstration „Bildung für alle"

ich, wie Miguels politische Freundinnen und Freunde von der FMLN mit vielen Bemühungen aus farbigem Sand Bodenbilder gestalteten. Ein Text von Monseñor Romero, schön gestaltet, stach mir in die Augen: „Mein Gesang ist wie eine Kette ohne Anfang und Ende. Und bei jedem Glied trifft man auf ein neues Lied."

Mir geht durch den Sinn: Viele Lieder der Befreiung habe ich bei meinen Besuchen 2013 und 2014 in den Projekten vernommen. So auch jetzt. Im Folgenden möchte ich versuchen, einige dieser bewegenden Lieder zu Gehör zu bringen.

Bei meinen früheren Besuchen konnte ich die Gedenkmessen in Erinnerung an die Ermordung Monseñor Romeros mitfeiern. Sie finden in der Kapelle (*hospitalito*) des Krankenhauses statt, an deren Altar Monseñor Romero am 24. März 1980 kaltblütig erschossen wurde. Dabei lernte ich den Ort des Todes als einen Ort des Lebens kennen. Es gibt viele Gedenkfeiern an vielerlei Orten in El Salvador. An diesem Ort ist die Gedenkfeier eine besondere: Sie erinnert an den Einsatz Monseñor

Romeros an der Seite der Elenden und Unterdrückten seiner Zeit, damit sie leben können. Sie fragt aber genauso danach: Wie können wir heute die Botschaft Monseñor Romeros verwirklichen? Wo und wie wird heute verhindert, dass die Armen selbstbestimmt leben können. Wo und wie sollten und können wir heute unsere Liebe und Kraft an ihrer Seite einsetzen? Diesen konkreten Kampf für neues Leben drückt die *marcha* aus, die im Anschluss an die Messe vom *hospitalito* zur Krypta stattfindet. Wie jedes Jahr nahmen wir auch am 24. März 2016 den Weg, den die Trauernden 1980 vom *hospitalito* zur Totenmesse vor der Kathedrale gegangen sind. Auf dem Nationalpalast westlich der Kathedrale hatten sich 1980 Polizei und Militär bewaffnet postiert und schossen in die trauernde Menge. Auch diese Ermordeten werden in das Gedenken einbezogen. In diesem Jahr gehen in der *marcha* Umweltgruppen mit, die gegen den Goldabbau und die Privatisierung von Wasser kämpfen, Gewerkschafter, die sich für die Erhaltung des Mindestlohns einsetzen, eine Gruppe, die für eine kostenlose Universität des Volkes kämpft.

Die Interviews

Sofia

Im Folgenden steht Sofia Ibarra im Mittelpunkt unserer Betrachtungen. Sie ist die Protagonistin. Sie soll zu uns sprechen. Während der Aufarbeitung habe ich gemerkt, wie wichtig es ist, neben ihrer Lehrerin Morena und ihrer Ärztin Doktora Pimentel auch ihre große Schwester Priscila einzubeziehen und schließlich die Lehrerinnen Flor und Julia zu Wort kommen zu lassen. So hoffe ich den guten menschlichen und pädagogischen Geist – verbunden mit einer engagierten Praxis – in den Sozialprojekten zu vermitteln.

Sofia Ibarra, 10 Jahre, Schülerin der 4. Klasse; Klassenlehrerin Morena; Wohnort: *Benedición de Dios*. Sofia besucht seit dem 6. Lebensjahr die Schule. Sie war schon Schülerin der Vorklasse. Die ältere Schwester Priscila besucht die 6. Klasse. Es gibt noch zwei jüngere Schwestern: Abi, 4 Jahre, Raquel, 2 Jahre. Zu dem sehr armen Haushalt gehört auch eine hilfsbedürftige Großmutter.

Sofia ist Asthmatikerin, bereits chronisch krank. Wie es zu der Erkrankung kam, berichtet weiter unten die Lehrerin Morena.

Die Familie lebt vom Verkauf von Tortillas und anderen Backwaren. Die Kinder sind in die Herstellung und den Verkauf der Tortillas schon vor der Schule und auch danach eingebunden. Das Mädchen fühlt sich verantwortlich dafür, dass die Familie ausreichend zu essen hat. Sehr bewusst nimmt sie die Lebenssituation in ihrer Familie wahr und was die Schule für sie bedeutet.

Birgit: Wie findest Du Deine Schule? Was möchtest Du über sie erzählen?

Sofia: Ich gehe sehr gern in unsere Schule. Ich habe hier viele Freundinnen und Freunde. Hier geht es lustig zu. Die Lehrerinnen sind freundlich zu uns. Wir bekommen hier zu essen. Ich spiele gern mit den Puzzles, die es hier gibt. Wir lesen Bücher. Wir können hier viel lernen. Wir lernen lesen und schreiben. Wir lernen addieren und subtrahieren, multiplizieren und dividieren. Dabei stehen uns die Lehrerinnen hilfreich zu Seite. Die Lehrerinnen helfen uns zu lernen. Hier bekommen wir immer Essen. Und der Schulbesuch ist kostenlos.

Birgit: Wie geht es Dir in der Schule?

Sofia: Mir geht es richtig gut. Denn es gibt eine clinica *(eine Basisgesundheitsstation, BW). Wenn ich Probleme mit meiner Gesundheit habe, gehe ich dorthin. Ich bekomme kostenlos Medikamente. Wir machen auch mit unserer Klasse Exkursionen, z.B. auf die* finca *(der ökologisch geführte Bauernhof, der zu den sozialen Projekten gehört, BW), oder zu Parks. Oder wir fahren in verschiedene Schwimmbäder.*

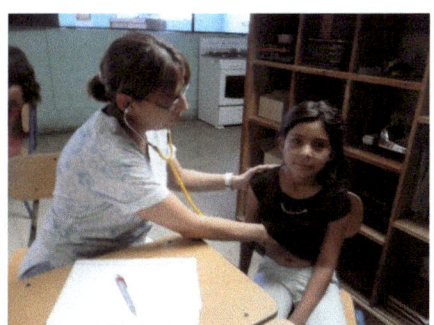

Sofia wird von der Ärztin Dr. Pimentel im Klassenzimmer untersucht

Wir bekommen immer bei den Exkursionen Essen. Wir müssen nicht viel dafür bezahlen.

Ich habe drei Geschwister. Ich bin die zweite. Meine Schwester Priscila und ich – wir helfen meiner Mutter beim Zubereiten und dem Verkauf von Tortillas. Bevor wir zu Schule gehen, kochen wir den Mais. Nach der Schule waschen wir den Mais und bringen ihn in eine Mühle. Die Mühle befindet sich in Arcos. Dann machen wir Tortillas, die wir später verkaufen. Meine Mutter backt auch Weißbrot, süßes Brot und Pizza. Wir helfen unserer Mutter viel. Wir helfen mit bei den Tortillas. Wir verkaufen die Produkte. Wir passen auch auf die beiden kleinen Geschwister Abi und Raquel auf. Meine Lehrerin Morena ist sehr herzlich und freundschaftlich. Wenn ich Probleme habe, spreche ich mit ihr darüber. Ich möchte gerne einmal Ärztin werden. Eine Ärztin kann vielen Menschen helfen...

Birgit: Wenn Du 5 Dollar hättest, was würdest Du mir ihnen machen?

Sofia: *Ich würde das Geld mit meiner Familie teilen. Wir könnten ganz viel Essen kochen und an die verteilen, die es dringend brauchen. Ich glaube, unsere Schule kann nur bestehen, weil wir Hilfen aus anderen Ländern bekommen. Vielen Dank, dass Ihr unsere Schule unterstützt! Für mich ist unsere Schule ein Geschenk Gottes. Ich fühle mich wirklich sehr wohl hier.*

Birgit: Glaubst du an Gott? Wie stellst Du ihn Dir vor?

Sofia: *Ich glaube, er ist sehr groß. Nachts bete ich zu ihm. Ich bete darum, dass er meine Mutter gesund macht. Denn manchmal ist meine Mutter krank.*

Doktora Pimentel: *Die Krankheit zeichnet das Mädchen. Hast du die schwarzen Ränder unter den Augen gesehen? Sie sind typisch für Asthmatiker.*

Seit 2004 arbeite ich an der clinica. Montags besuche ich die Kindertagesstätte, dienstags die Vorklasse, die 1. und 2. Klasse, am Mittwoch die Schüler der Klassen 3 bis 6. Mir macht die Arbeit mit den Kindern sehr viel Freude. Die Eltern müssen die Einwilligung für die Untersuchungen geben. Die Haupterkrankungen der Kinder sind Atemwegserkrankungen. Natürlich ist die Ursache multifaktoriell (Erderwärmung, Umweltverschmutzung usw.). Aber in der Tat ist die Luft in San Salvador sehr belastet durch hohe Abgase. Jedes Kind hat eine Patientenakte. Während ich die Kinder der Kindertagesstätte jede Woche untersuche, müssen die Eltern den anderen Kinder kleine Zettel mitgeben mit der Bitte um Untersuchung und der Information, worunter das Kind leidet.

Morena: Die Familie von Sofia ist sehr arm. Ihre Mutter ist alleinerziehend. Die Familie kann nicht auf Hilfen von Angehörigen zurückgreifen. Die Großmutter, die mit in der Familie lebt, braucht selbst Hilfe. Vor zwei Jahren – als die Mutter mit dem jüngsten Schwesterchen schwanger war – hat der Vater die Familie verlassen wegen einer Liebschaft mit einer Nachbarin. Er arbeitet als Bäcker. Mit der Trennung hat sich die ökonomische Situation der Familie dramatisch verschlechtert. Die Mutter hat keine feste Anstellung. Die Familie lebt von der Herstellung und dem Verkauf vor allem von Tortillas... Schon um 2 Uhr morgens stehen Mutter, Sofia und ihre ältere Schwester Priscila auf, um die Tortillas vorzubereiten. [...] Sofia hat große gesundheitliche Probleme. Dass sie unter Asthma leidet, ist die Folge der zugespitzten familiären Situation. Vor der Trennung war Sofia ein fröhliches Mädchen und ohne nennenswerte Krankheiten. Aber heute fehlt sie oft wegen ihres Asthmas und sucht oft die Sprechstunde von Doktora Pimentel auf.

Durch Doktora Pimentel vermittelt, wurde Sofia im Kinderkrankenhaus Benjamin Blum, San Salvador, gründlich untersucht, diagnostiziert und medikamentös eingestellt. In dieser schwierigen Phase hat das Mädchen mehr als 15 Tage gefehlt. Über die clinica erhält sie nun die Medikamente kostenlos. Zusätzlich kann sie an der clinica des Projekts bei Bedarf inhalieren. Sofia ist ein kluges Mädchen, und sie ist krank. Sie ist sehr sensibel und ist sich der prekären Situation bewusst, in der die Familie lebt. Sie sorgt sich um ihre Familie, dass sie ausreichend zu essen hat. Sie muss mehr machen, als sie eigentlich machen kann.

Birgit: Ihr Lehrerinnen steht an der Seite der Kinder.

Morena: *Unsere Schule widmet sich den sehr armen Mädchen und Jungen, Kindern, die unter prekären ökonomischen Bedingungen leben. Unsere Schule konzentriert sich auf Kinder, denen in ihrer häuslichen Umgebung Zuwendung und Liebe fehlt. Wir wollen den Kindern eine alternative Umgebung anbieten. Sie sollen die Aktivitäten in der Schule genießen können. Die Schule soll für sie eine Freude sein. Wir stellen ihnen Möglichkeiten bereit, dass sie spielen können. Denn in ihren Häuschen können sie nicht spielen.*

Julia, Lehrerin an der San-Pedro-Schule

Beim Treffen mit Julia erinnere ich mich an ihre Worte bei unserem letzten Besuch im Frühjahr 2013:

> „Wir wissen nicht, wohin sich unsere Schüler entwickeln, wie ihre Zukunft aussehen wird. Zum Beispiel Keiri, die Tochter der Müllsammlerin, 5./6. Klasse. Wird sie wie ihre Mutter Müllsammlerin werden? Wird sie in Apathie versinken? Wird sie die Kraft und die Möglichkeit haben, eine fortführende Schule zu besuchen und eine Ausbildung zu beginnen? Aber jetzt können und wollen wir den Schülern unsere Kraft und Zuwendung geben, dass sie gestärkt und hoffentlich mit Selbstvertrauen ihre Schritte gehen.“

Julia, im Gespräch 2016:

> „Unsere Schülerinnen und Schüler sind die, die aufgegeben wurden, die 'Hoffnungslosen'. Aus anderen Schulen werden sie rausgeworfen.“

Das sagt Julia in einem Gespräch am 6. April 2016. Sie ist Klassenlehrerin der 2. Klasse. Weiter erzählt sie:

> „Schau Dir Joseline an. Sie ist 10 Jahre alt und kommt aus *Benedición de Dios*. Jeden Nachmittag muss sie ihrer Mutter helfen. Sie hat keine Lust und keinerlei Interesse an Tätigkeiten in der Schule, die sie nichts angehen, die nicht auf ihr Interesse stoßen oder sie berühren. Unsere Kinder sind erschöpft und müde von dem, wie sie ihren Alltag bewältigen müssen. Und jedes Kind hat seine eigene Geschichte. Darum – so meine

ich – haben unsere Kinder ein Recht darauf, sich in unserer Schule zu entspannen, sich wohl zu fühlen. Wir wollen sie da abholen, wo sie sind."

Julia ist bewegt beim Erzählen. Sie kommt auf ihren Schüler Stefan, 10 Jahre, 2. Klasse, zu sprechen. Erst seit Ende Januar 2016 besucht er die „Schule des *padre*", ist Schüler von Julia. Vorher war er Schüler in einer staatlichen Schule, die ihn abwies. Er kann weder lesen, schreiben noch rechnen. Er hat seiner Lehrerin erzählt, wie er in den Weihnachtsferien Kisten mit Gemüse mit seinen Händen zu den Lastwagen trug, die die Märkte beliefern. 16 Stunden hat er täglich gearbeitet für ganze fünf Dollar. Dies eine Woche lang. Das Geld, das er bekommen hat, hat er seinen Eltern abgeliefert, damit sie davon Nahrungsmittel für die Familie kaufen. Stefan hat noch fünf Geschwister. Der Vater hilft beim Be- und Entladen der Laster mit. Die Mutter ist manchmal zu Hause. Manchmal arbeitet sie als fliegende Händlerin.

Julia:

> „Unsere Kinder leben unter schwierigsten Bedingungen. Wir als Lehrerinnen machen soziale Arbeit. Wir stehen auf der Seite der Kinder. Ganz konkret: Fehlen Schuhe, fehlt Kleidung, versuchen wir, über andere Familien diese Dinge für das Kind zu organisieren. Wir versuchen daran zu arbeiten, dass sich die Kinder bei uns wohlfühlen und sich selbst wertschätzen lernen. Einige Kinder kennen ihren Geburtstag nicht. Einige haben keine Geburtsurkunde. Wir feiern die Geburtstage derjenigen Kinder gemeinsam, die in einem Monat Geburtstag haben. Wir lassen nicht locker nachzufragen, ob die Eltern sich um eine Geburtsurkunde bemühen.
>
> Man kann nicht lernen, wenn man nicht gut beieinander ist, wenn man sich nicht wohlfühlt. Die Kinder brauchen unsere ganze Zuwendung, unser Hinhören, unsere Zärtlichkeit."

Julia berichtet von weiteren Schülerinnen:

> „Schau Dir Valerie an. Einige Onkel von ihr sitzen im Gefängnis. Oder Alexandra. Ihr Vater sitzt im Gefängnis. Ihre Mutter hat keine Arbeit...
>
> Die Pläne des Erziehungsministeriums stehen in vollem Widerspruch zu der Realität, die unsere Kinder leben. Wir haben unsere eigenen Pläne geschrieben – orientiert an der Wirklichkeit, den Notwendigkeiten

und Interessen der Kinder. Wir wollen an ihrer Seite kämpfen, damit sie vorankommen. Einige Kinder brauchen das Gespräch, den gedanklichen Austausch mit uns, andere, dass wir einfach da sind, freundlich, zugewandt. Alle wollen zärtlich behandelt und herausgefordert sein.

Unsere Schule ist überzeugt davon, dass unsere Kinder mit ihren eigenen Fähigkeiten wachsen. Und jedes Kind hat seine besonderen Fähigkeiten. Diese gilt es zu entdecken und zu fördern. Das Erziehungsministerium macht sich selbst etwas vor, wenn es in seinen Texten davon ausgeht, alle Kinder wären gleich..."

Flor, Lehrerin und Schulleiterin an der San-Pedro-Schule

Flor erzählt:

„Die Aktivitäten, die wir mit unseren Mädchen und Jungen durchführen, planen wir auf der Basis ihrer Interessen und Bedürfnisse, damit ihr Leben hell wird.

Die Mehrheit der Schülerinnen und Schüler kommt aus dem Viertel *Benedición de Dios*, das am Boulevard Ejecitos liegt. Es gibt Parallelen zur Entstehungsgeschichte der *22 de abril*. Auch das Land von *Benedición de Dios* besetzten Familien illegal. Sie errichteten ihre kleinen Hütten aus Plastik und Karton auf engstem Raum. Die Mehrheit der Menschen lebt unter problematischen familiären Bedingungen.

Flor liest zusammen mit ihren Schülerinnen und Schülern

Wegen Migration und Scheidung fehlen Mutter oder Vater. Unsere Schülerinnen und Schüler leiden darunter, dass sie zu Hause keine Liebe und Zuwendung bekommen. Sie suchen sie hier in unserer Schule. Wir als Lehrerinnen sind ganz darauf eingestellt und geben ihnen diese Zuwendung:

Wir sind freundlich im Umgang mit ihnen.

Wir hören zu.

Wir teilen mit ihnen den Schulalltag.

Wir spielen mit ihnen.

Ich bin sehr zufrieden, dass ich meine Arbeit machen kann mit Mädchen und Jungen, die es dringend brauchen, dass ihnen zugehört wird, dass sie geliebt werden. Sie leben unter schwierigsten ökonomischen Bedingungen. Unsere Kinder sind aufrichtig. Es ist wirklich nicht schwer, sie zu lieben. Unsere Lehrerinnen sind sehr herzlich im Umgang mit ihnen. Und sie geben uns ihre ganze Zuwendung zurück. Aber ich sage ganz offen: Diese unsere Arbeit mit den Kindern kostet uns viel Kraft und Energie. Dazu kommt, dass einige Kolleginnen lange Schulwege haben. Zum Beispiel Morena (36 Jahre alt) muss um 4.00 Uhr aufstehen, mit dem Bus fahren, um rechtzeitig um 7.00 Uhr in der Schule zu sein. Wir arbeiten auch am Samstag, um uns gemeinsam für die kommende Schulwoche vorzubereiten.

Trotzdem: Wir sind bereit, für unsere Kinder und mit ihnen zu kämpfen. Und dies mit viel Freude!"

Marisol, die Erzieherin, die die Bücher zu den Kindern in die Schule trägt

Marisol betreut die Bibliothek. Das ist eine große Aufgabe. Noch 2014 erlebte ich, dass alle Schülerinnen und Schüler der San-Pedro-Schule einen festen Tag mit entsprechenden Stunden in ihrem Stundenplan hatten, um die Bibliothek zu besuchen, die in einem Gebäude mitten in der *22 de abril* untergebracht ist.

Die Kinder, die in der *22 de abril* wohnen, können die Bibliothek besuchen, aber nicht die Schülerinnen und Schüler aus der *Benedición de Dios*. Diese bilden jedoch die Mehrheit der Kinder in der Schule. Marisol selbst wohnt in der *22 de abril*.

Marisol sortiert die Bücher, die sie mitnehmen will

Die Lehrerinnen reagierten kreativ auf diese Situation. Die Öffnungszeiten für die Bibliothek wurden umgestellt. Marisol bringt nun die Bücher in die San-Pedro-Schule. Eine schwere Aufgabe!

Marisol zeigt mir ihren Stundenplan:
8.00 bis 9.30 Bibliothek geöffnet für Kinder der 22 de abril
9.30 bis 12.00 Bücherbesuch in der San-Pedro-Schule
13.00 bis 16.00 Bibliothek geöffnet für Kinder der 22 de abril.

Montags arbeitet Marisol in der Kindertagesstätte, weil Evelyn, eine Mitarbeiterin in der Kindertagesstätte, wegen Mutterschutz zurzeit ausfällt. Dienstags besucht sie die Vorklasse und die 1. Klasse, am Mittwoch die 2. und 3. Klasse, donnerstags die staatliche Schule in der *22 de abril*, freitags die 4., 5. und 6. Klasse. Warum besucht Marisol die staatliche Schule? Dort sind nur sehr wenige Bücher vorhanden. Außerdem wäre es riskant, wenn Kinder der staatlichen Schule die Bibliothek besuchten, denn das Viertel ist wegen der Jugendbande, die dieses Viertel beherrscht, voll mit Polizeipräsenz. Die Lehrer möchten die Schülerinnen und Schüler keiner Gefahr aussetzen. „Darum besuche ich die staatliche Schule", sagt Marisol, „Und die Schülerinnen und Schüler freuen sich sehr über die Bücher. Es macht mir Spaß, mit Kindern und Büchern zu arbeiten."

Ich bin beeindruckt von Marisol: Wie sie ohne Murren die schweren Bücher zur San-Pedro-Schule schleppt, ansprechend den Kindern ein Buch vorliest, die Ausleiharbeiten sorgfältig durchführt und dann wieder freundlich die Schule verlässt. Die Kinder hat sie schon längst auf ihrer Seite und die Lehrerinnen auch!

Miguel, Leiter der Kindertagesstätte

Heute sind wir mit Miguel Mejia, dem Leiter der Kindertagesstätte, verabredet. Er hat uns zu sich nach Hause in ein Wohnviertel in Soyapango eingeladen. Es ist das erste Mal, dass ich seine Familie persönlich kennenlerne. Erneut dürfen wir die salvadorianische Gastfreundschaft erfahren: Die Türe des Hauses ist geöffnet. Mutter Doña Flor Mejia (geb. 1950) begegnet uns freundlich, offen, zugewandt. Sie wird uns ein wenig mit in ihr Leben hineinnehmen und mittags mit einem köstlichen Essen aus Hühnersuppe, gebratenem Trockenfisch, *Tamales,* Kartoffeln, Avocado und Tomaten, einem Nachtisch aus Melonen und später Kaffee verwöhnen.

Doña Flor lebt in einem Haushalt mit ihrer jüngsten Tochter Esperanza (geb. 1987). Der Vater verstarb 2014. Doña Flor beginnt von sich und ihrem Leben zu erzählen. Ihre Worte sind bewegt, und sie hat Tränen in den Augen. Das Leben hat ihr viel abgefordert. Und doch sagt sie zum Schluss: „Ich bin dankbar für die sieben Kinder, denen ich das Leben geschenkt habe. Alle leben noch. Ich bin sicher: Gott hat alles begleitet. Er hat uns im Blick."

Miguel hat also vier Brüder und zwei Schwestern. Er ist der dritte. Der ältere Bruder Julio lebt mit zwei Söhnen in Merliot. Die ältere Schwester Sonia (geb. 1976) lebt mit zwei Töchtern in einem anderen Stadtteil von San Salvador. Der sechste Sohn Walter lebt in Sonias Haushalt. Bruder Carlos (geb. 1981) lebt in New York. 2005 verließ er mit 24 Jahren El Salvador in Richtung USA. Und die aparte Esperanza hat einen Verlobten in den USA. Es ist nur eine Frage der Zeit, dass auch sie in Richtung USA aufbricht. Bruder Manuel (geb. 1984) lebt in der Nachbarschaft und hat vier Töchter: Nicole, Naomi, Camila, Marci. Diese hübschen Mädchen im Kindergartenalter haben uns schon im Haus ihrer Großmutter entdeckt, sitzen brav auf dem Sofa, hören zu, unterhalten sich auch gern – etwas schüchtern – mit uns, den Gästen von weit her. Später werden wir sie nach Hause begleiten und ihre Eltern begrüßen.

Miguel erzählt aus seiner Kindheit:

„In diesem Haus wurde ich geboren. Mein Vater war fliegender Händler. Ich erinnere mich, dass ich ihn seit meinem 9. Lebensjahr unterstützte, indem auch ich Sachen verkauft habe. Gemeinsam mit meinem älteren Bruder Carlos bin ich umhergezogen um Pan Frances, eine Art Weißbrot, zu verkaufen. Morgens verkauften wir, am Nachmittag gingen wir zu Schule. Eigentlich verkauften wir alles, was unsere Mutter gekocht hatte: Tamales, das sind Teigtaschen aus Maismehl, Hühnersuppe, Rindfleischsuppe, Pan Frances. Die ganze Familie arbeitete mit und verkaufte Dinge. Ich habe das Mitarbeiten nie als Druck empfunden. Es war selbstverständlich. Die Mutter unseres Vaters lebte bis zu ihrem Tod mit uns zusammen. Auch sie verkaufte mit, auch als Rentnerin.

Unsere Familie siedelte 1978 nach Soyapango um. Sie lebte im Canton El Limon in Chalatenango. Dort tobten in jenen Jahren schon heftige

Kämpfe zwischen der Guerilla und dem Militär. In Soyapango erhoffte sie sich mehr Sicherheit.

Wir leben hier in einer sehr guten Nachbarschaft. Jeder hilft jedem. Unsere Nachbarn Margot und Antonio sind Schuster. Ich habe oft bei ihnen gearbeitet, um Geld zu verdienen. Ich bin übrigens hier in die Grundschule gegangen. Sie liegt direkt um die Ecke. Später machten mein älterer Bruder Julio und ich Abitur. Wir gingen zur Universität. Ich studierte Elektrotechnik.

7½ Jahre arbeitete ich als Elektrotechniker in einem Unternehmen.

2007 begann ich an der Pädagogischen Universität von San Salvador Pädagogik zu studieren. Seit 2007 arbeite ich in der Kindertagesstätte. Mein Wunsch, mit Kindern zu arbeiten, ist schon alt. Ich entdeckte ihn, als ich als Katechet mit Kindern in der Kirche arbeitete. Ich identifizierte mich mit den Mädchen und Jungen. Ich wollte Lehrer werden. Aber damals hatte ich keine Gelegenheit und keine Unterstützung für ein Pädagogik-Studium.

Die Art und Weise, wie wir mit den Kindern in der Kindertagesstätte arbeiten, legt den Schwerpunkt auf das Pädagogische und nicht auf einen vordergründigen Erwerb von Kenntnissen. Zu verstehen, wie Kinder lernen, ist schwierig, aber äußerst interessant. Es geht darum, diesen ihren eigenen Lernprozess zu verstehen, und nicht darum, ihnen unsere Vorstellung von Lernen überzustülpen. Es erscheint mir wichtig und interessant, dass das Kind Autor seines eigenen Lernprozesses ist.

Die Kinder, mit denen wir zusammenarbeiten, sind sehr arm. Sie sind schon gekennzeichnet von der herrschenden Gewalt und Armut – den Bedingungen, in denen sie leben. Ihnen fehlt Zuwendung und Liebe in der Familie. Unseren Kindern fehlt oft jede Form von Respekt in ihrem Zuhause. Sie brauchen unsere Zuwendung, unsere Liebe und unseren Respekt. Sie brauchen die Freiheit, in ihrem kleinen Leben eigene Entscheidungen treffen zu können. Wenn sie selbst aktiv an den Handlungsabläufen des Alltags in der Kindertagesstätte mitwirken, ist das für sie eine ganz wichtige Erfahrung. Sie erinnern sich zufrieden an das Geschehen. Und sie lernen, Konflikte anders zu lösen als durch Schlagen, durch Gewalt. Sie lernen es, darüber zu sprechen.

Ich habe diesen pädagogischen Ansatz in der pädagogischen Praxis der Sozialprojekte kennengelernt und dann auch im Studium. Wir tauschen unsere Erfahrungen aus.

Auf diese pädagogische Art und Weise mit den Kindern zu arbeiten, kostet viel Kraft und Hingabe. Aber wir erreichen sehr gute Ergebnisse.

Dies ist ein Prozess der Menschwerdung. Die Anwärter in unseren Projekten stellen mir viele Fragen. Wir reflektieren unsere Erfahrungen und diskutieren über sie. Ein lebendiger Austausch findet zwischen uns statt. Ich bin von diesem pädagogischen Ansatz überzeugt. Er ist der einzige Weg, um die Kinder bei ihrem Lernprozess zu begleiten und in ihrem Interesse zu handeln. Zurzeit besuchen 27 Kinder den Kindergarten. Die Mehrheit sind Jungen; acht Mädchen sind darunter. Die Mehrheit der Kinder ist zwischen zwei und drei Jahre alt. Ich bin der Koordinator. Unsere Mitarbeiterinnen sind: Yannett, sie studiert Kinderpädagogik mit dem Ziel, das Lizenziat zu erwerben; Marisol, sie ist Lehrerin für Kindheitspädagogik; Anna Gloria ist ebenfalls Lehrerin für Kindheitspädagogik; Evelyn ist Lehrerin, sie ist zu Zeit im Mutterschutz; und schließlich Roxana, sie ist Anwärterin und hat gerade ihr Lizenziat in Sozialwissenschaften abgeschlossen. Die Mehrheit der Kinder wächst bei alleinerziehenden Müttern auf. Viele arbeiten in den sog. *maquilas*, den Sonderwirtschaftszonen, in denen niedrige Löhne bezahlt werden und die Arbeitsbedingungen sehr schlecht sind. Andere arbeiten als fliegende Händlerinnen."

Fatima, Melissa und Esmeralda, die die Kindertagesstätte besuchten

Miguel hat sich eine besondere Begegnung für mich überlegt. Er ermöglichte mir, ein kleines Interview mit den drei Mädchen Fatima, 14 Jahre alt, Melissa, 12 Jahre alt, Esmeralda, 6 Jahre alt, und ihrer dreißigjährigen Mutter Doña Caral Pineda. Sie ist mit René Emer Murgas Cordoba verheiratet. Die Familie lebt seit Beginn ihrer Ehe in der *22 de abril*. Das Besondere ist, dass alle drei Geschwister die Kindertagesstätte besucht und Miguel als Erzieher erlebt haben: Esmeralda und Melissa vom 2. bis zum 6. Lebensjahr, die Älteste Fatima insgesamt drei Jahre. Das Interview fand im bescheidenen Häuschen der Familie statt. Ich wurde herzlich aufgenommen und hörte den Einladenden gern zu. Doña Carla arbeitet als fliegende Händlerin am Ostbahnhof. Sie verkauft dort Früchte und Gemüse. Stolz zeig sie uns die Schürze, die sie dabei trägt. Ehemann und Vater René ist Bauarbeiter.

Birgit: Was möchtet ihr mir von eurer Zeit in der Kindertagesstätte erzählen?

Fatima: Wir alle haben sehr gern die Kindertagesstätte besucht. Wir hatten in Miguel einen guten Lehrer. Er weiß viel. Niemals werden wir diese wunderschöne Zeit in unserem Leben vergessen. Die staatliche Schule ist ganz anders. Sie arbeiten dort mit vielen Befehlen.

Melissa: Sie lehrten mich zu lesen und zu schreiben ohne 'planas' (eine rigide Methode des stupiden Abschreibens und Wiederholens, BW). Wir hatten sehr gute Erzieherinnen und Erzieher. Es war eine wunderbare Zeit in unserem Leben.

Esmeralda: Ich habe dort das Lesen gelernt.

Birgit: Welche Aktivitäten haben Euch in der Kindertagesstätte gefallen?

Fatima: Zeichnen und Malen. Ich male sehr gern. (Sie zeigt uns ihre Werke, BW). Wir hatten gute Lehrer. Sie halfen uns bei jedem Problem, das wir hatten. Ich erinnere mich, dass ich einmal eines der Kinder schlug. Sonia sagte mir, dass das nicht in Ordnung sei. Ich musste mich auf einen Stuhl setzen und darüber nachdenken, was ich verändern könnte. Später hat Sonia mit mir gemeinsam überlegt, was man in einer solchen Situation machen kann.

Melissa: Die Spaziergänge durch das Viertel: zur Basisgesundheitsstation, zur Kirche, in die Bibliothek, zu den Marktständen. Wir hatten gute Lehrer. Sie lehrten uns – ohne Druck.

Esmeralda: Ich mag Miguel. Ich mag das Spielen. Die Feste. Die Süßigkeiten. Die Früchte. Die Verkleidung.

Birgit (an Doña Carla gerichtet): Was war für Sie an der Kindertagesstätte wichtig?

Doña Carla: Miguel und die Erzieherinnen haben auf unsere Kinder gut aufgepasst. Sie haben sie gut behandelt. Die Mädchen hatten ihr Essen, immer pünktlich. Sie wurden von der Ärztin der Gesundheitsstation medizinisch betreut und versorgt. Sie konnten mit anderen Mädchen und Jungen zusammen sein und lernen, wie man miteinander umgeht. Ich bin sehr zufrieden mit der Kindertagesstätte.

Josué, Computerunterricht – ein attraktives Projekt innerhalb der Sozialprojekte – zugleich ein Gewaltpräventionsprojekt

Während meines Aufenthalts in den Sozialprojekten besuchte ich am 4. April 2016 Josué Rivas und seine Computerklasse in der Monseñor-Romero-Schule, mitten in der Gemeinde *22 de abril* gelegen.

Josué studiert Informatik an der Don-Bosco-Universität in San Salvador. Er will Software-Ingenieur werden. Seit November 2013 hat er eine feste Anstellung als Computer-Lehrer in den Sozialprojekten. Damit finanziert er sich sein Studium. Er ist der Sohn von Marielos Rivas Amaya und Ferman Rivas, die im Bürgerkrieg mit ihren Familien – damals waren sie Jugendliche – als Flüchtlinge in die *22 de abril* kamen. Die Familie lebt noch immer in der *22 de abril*. Marielos, Josués Mutter, sagt im Rückblick auf ihre Tätigkeit als Lehrerin in den Sozialprojekten:

> „Was ich heute bin und darstelle, wie ich heute als Lehrerin handle, wurde angeregt und geformt durch meine Arbeit als Lehrerin in den Sozialprojekten."

So erklärt sich, warum Josué Kindergarten, Vorklasse und die Klasse 1-6 der Sozialprojekte besuchte, bevor er auf einer staatlichen Schule das Abitur machte. Josué sagt rückblickend auf seine Schulzeit:

> „Eine Schule, die so ganz anders ist als die anderen Schulen, mit Essen, Erfrischungen, Basisgesundheitsstation, Bibliothek, Ausflügen und einer ökologischen *finca*. Ein Unterricht, der auf einer Pädagogik basiert, wo die Schülerinnen und Schüler auf innovative Weise lernten, ihre Fähigkeiten

zu entwickeln und wo der Lernprozess eines jeden Schülers und einer jeden Schülerin respektiert wird."

Josué ist von montags bis freitags von 13.00 Uhr bis 17.30 Uhr in den Computerklassen. Sieben Computer in gutem Zustand stehen zur Benutzung zur Verfügung. Auf den meisten PCs ist das Betriebssystem Windows 10 aufgespielt. Der eigentliche Unterricht findet von 14.00 Uhr bis 17.00 Uhr statt. Josué unterrichtet in sechs Kleingruppen von drei bis sieben Kindern. Seit Februar 2016 werden insgesamt 26 Kinder unterrichtet. Alle Schülerinnen und Schüler kommen aus der Gemeinde *22 de abril*. Neu ist seit 2015, dass die Computerklassen sich geöffnet haben. Ursprünglich wurden sie nur von Schülerinnen und Schüler der Monseñor-Romero-Schule besucht. Jetzt können auch Kinder aus der Gemeinde *22 de abril* teilnehmen, die staatliche Schule besuchen und nachmittags die *Schule unter freiem Himmel*, das ist ein offenes Lernangebot für Schülerinnen und Schüler, die eine Schule nicht besuchen können oder Schwierigkeiten in der staatlichen Schule haben. So wird die gut besuchte *Schule unter freiem Himmel* entlastet. Auch andere arme Kinder kommen in den Genuss eines sehr guten handlungsorientierten Computerunterrichts. Zunehmend in den Blickpunkt rückt der Computerunterricht bei den Eltern der Kinder. Aufgrund der gewalttätigen Situation begleiten sie ihre Kinder zum Unterricht und holen sie wieder ab. Sie sind zu interessierten Beobachtern des Computerunterrichts geworden und überlegen, selbst mitzumachen. Josué erzählt davon, dass die Schüler, die aus der *Schule unter freiem Himmel* in die PC-Kurse kommen, besonders verantwortungsbewusst sind und regelmäßig teilnehmen.

Mir geht durch den Kopf: Josué und die Lehrerinnen der Sozialprojekte reagieren kreativ auf die aktuelle schwierige Situation. Die Schülerinnen und Schüler aus der *Benedición de Dios* können am Nachmittag nicht die PC-Kurse besuchen, weil der Unterrichtsort – die Monseñor-Romero-Schule – mitten in der Gemeinde *22 de abril* liegt, die von der Jugendbande *Salvatrucha* beherrscht wird. Ihr Wohnviertel liegt auf der gegenüberliegenden Seite von der *22 de abril*. Dort herrscht die Jugendbande *18*. Nur die Panaméricana trennt die Viertel. Der Krieg unter den Jugendbanden ist ein Territorialkrieg. Die Schülerinnen und Schüler beider Gemeinden stehen mitten im Konfliktfeld. Mit der Öffnung der PC-Klassen für die Kinder aus der *22 de abril* wird für diese Kinder über die *Schule unter freiem Himmel* hinaus ein weiteres sinnvolles Lernangebot bereitgestellt.

Wie ich es schon bei meinem Besuch in der Computerklasse im August/September 2014 erleben konnte, hat Josué den Schülerinnen und Schülern den PC-Raum einladend und übersichtlich gestaltet. In seiner freundlichen und ruhigen Art erklärt er ihnen die Dinge und begleitet sie beim Lernen. Ich erlebe, wie die Schülerinnen und Schüler ausgesprochen motiviert in einer entspannten Lernatmosphäre arbeiten. Gern bin ich mit ihnen zusammen und lerne selbst noch einiges an diesem Nachmittag. Mir geht durch den Kopf: Josué ist ein „Kind der 22". Er war begeisterter Schüler in der Schule der Sozialprojekte. Er genießt das Vertrauen seiner Schülerinnen und Schüler. Er ist einer von ihnen. Die Art und Weise, wie er unterrichtet, spiegelt seine Schulerfahrungen in der Gemeinde *22 de abril* wider: handlungsorientierter Unterricht, Kinder als Akteure ihres Lernprozesses.

Wiederbegegnung mit Keiri

Zum dritten Mal innerhalb von drei Jahren sollte ich Keiri, nun fast 19 Jahre, wohnhaft in der Gemeinde *22 de abril*, Tochter einer Müllsammlerin und bis Ende 2013 Schülerin an der San-Pedro-Schule, am Karfreitag, d. 25. März 2016, in Soyapango wiederbegegnen. Welch eine Überraschung und Freude! Welch eine besondere Begegnung!

Blicken wir zurück: Keiri lernte ich bei meinem Besuch im März/April 2013 kennen. Sie war mir aufgefallen, weil sie stets die erste von allen Schülerinnen und Schülern war, die auf dem Schulgelände auf den Schulanfang wartete. Damals war Keiri Schülerin der 6. Klasse und 16 Jahre alt. Sie lud mich zu sich nach Hause ein. Ich hielt die Begegnung in meinem Reisebericht 2013 fest:

„Die Mutter – gerade 50 Jahre – hat schon auf uns gewartet und freut sich über unseren Besuch. 'Eine Ausländerin war noch nie bei mir.' Ich soll Platz nehmen auf dem einzigen Stuhl. Die Wohnung hat keine Möbel. Für die jetzt fünfköpfige Familie gibt es ein großes Bett und eine

Hängematte. Die Mutter sagt: 'Ich kann nichts zu essen anbieten. Wir essen, wenn wir etwas haben.' Übrigens ist sie Diabetikerin. Sie erzählt: 'Ich habe 18 Kinder, 7 sind verstorben, 11 leben. Die Älteste ist 35 Jahre alt, die jüngste 10. Das Häuschen, in dem wir jetzt untergebracht sind, hat mir eine Freundin überlassen, die nach USA gegangen ist. Wenn sie morgen zurückkäme, müssten wir ausziehen. Wir hätten kein Dach über dem Kopf.' Sie zeigt mir das Häuschen. Auf einer 'Terrasse' stehen Säcke mit Plastikmüll. 'Ich bin Müllsammlerin. Das ist mein Broterwerb. Und meine Kinder helfen mir dabei.' Keiri wird mich später nach Hause begleiten – umsichtig wie auf dem Hinweg. Ich verstehe jetzt, dass sie morgens ganz früh auf den Schulbeginn wartet. Sie bekommt zur Frühstückspause um 8.30 Uhr warmes Essen. Mittags – vor Schulschluss – wird sie noch einmal eine warme Mahlzeit einnehmen. Vermutlich ist es ihre letzte Mahlzeit an diesem Tag...“

Morena, Keiris Lehrerin, erzählte mir damals noch ein wenig über das Mädchen und seine Familie:

„Die Mutter lebt mit dem Vater ihres jüngsten Kindes Cäcilia zusammen. Der leibliche Vater Keiris gibt der Mutter monatlich 20 US-Dollar, was einen Tropfen auf den heißen Stein ausmacht. Die Familie ist tatsächlich bettelarm. Keiri besucht die Schule in der *22 de abril* seit der 1. Klasse: Manchmal ist sie brillant im Unterricht, dann wieder hängt sie ganz durch. Sie müsste schon längst Schülerin der 9. Klasse sein, ist aber erst in der 6. Klasse. Sie kam ein Jahr einfach nicht zur Schule. Als wir nachfragten, antwortete die Mutter: 'Wenn Keiri nicht in die Schule möchte, dann ist es auch gut.' – Keiri hat übrigens einen Bruder. Er wohnt nicht mehr mit der kleinen Familie zusammen. Er wohnt außerhalb und gehört zu einer *mara*. Anfangs hat er studiert, aber dann sein Studium abgebrochen... Keiri hilft der Mutter beim Müllsammeln. Sie schuftet wie ein starker junger Mann. Wir hatten immer ein gutes Verhältnis.“

Ich beendete meinen Bericht zu Keiri mit der Frage: „Wie wird es Keiri in der Zukunft ergehen?“

Zu einer zweiten, völlig überraschenden Begegnung mit Keiri kommt es am 9. September 2014, während meiner Besuchsreise 2014. Keiri hilft weiter ihrer Mutter beim Müllsammeln und hat den Wechsel in eine staatliche Schule geschafft! Ich finde das wirklich großartig und freue mich sehr mit ihr. Ich notierte in meinem Reisebericht 2014:

> „Als wir am Dienstag, 9. September 2014, frühmorgens vor die Türe des ehemaligen Dominikanerkonvents in Altos des Cerro treten, um zu einem Schulbesuch in die Projekte aufzubrechen, traue ich meinen Augen nicht. Auf dem gegenüberliegenden Gehweg, vor relativ wohlhabenden Häusern sammeln Keiri, ihre Mutter und ein Begleiter aus den Säcken und Abfallkörben Müll. Wir begrüßen uns herzlich. Keiri sieht gut aus, vielleicht ist sie etwas pummeliger geworden. Vor Freude und Stolz erzählt sie mir: 'Morgens helfe ich meiner Mutter beim Müllsammeln. Aber am Nachmittag gehe ich zur Schule. Ich bin jetzt Schülerin der 7. Klasse einer staatlichen Schule.'"

Am Karfreitag, d. 25. März 2016, sind wir mit Miguel, dem Leiter der Kindertagesstätte verabredet. Als wir gegen 7.00 Uhr vor die Türe unserer Unterkunft treten, erblicke ich zu meiner Überraschung Keiri und ihre Schwester Cessi, wie sie beim Einsammeln von Plastikmüll sind. Ich freue mich sehr, die beiden wiederzusehen. Wir verabreden uns für abends 18.00 Uhr in unserer Unterkunft. Keiri meint, trotz dann bereits eingebrochener Dunkelheit kommen zu können.

Wir sitzen mit den Mädchen auf der Terrasse unserer Unterkunft, trinken Tee, essen Früchte, erzählen uns. Keiri berichtet stolz:

> „Ich besuche noch immer die staatliche Schule. Ich bin jetzt in der 9. Klasse. Ich hoffe, dass ich 2017 die Schule mit dem *bachilerato* abschließen kann.
>
> Ich besuche die Schule am Samstag. Denn in der Woche vormittags muss ich meiner Mutter helfen. Du weißt ja, meine Mutter ist Diabetikerin. Wir stehen um 3.00 Uhr früh auf, um Plastikflaschen zu sammeln. Wir sind zwei, drei Stunden unterwegs. Um 6.00 Uhr kehren wir in unser Häuschen zurück. Ich koche dann Reis, Bohnen und Eier zum Frühstück. Die Tortillas kaufen wir von draußen dazu. Um 6.45 Uhr verlässt Cessi das Haus, um zur Schule zu gehen. Sie hat dann noch nicht gefrühstückt. Später esse ich dann mit meiner Mutter. Ich wasche die Wäsche und räume auf.
>
> Die jetzige Schule ist nicht so schön wie die 'Schule des *padre*'. Es gibt dort weder Spiele noch Unterrichtsmaterialien. Es fehlt mir eine gute verständnisvolle Lehrerin, wie es Morena für mich war. Trotz alledem: Ich

werde weitermachen. Die 'Schule des *padre*' hat mir eine gute Grundlage gegeben, im Vertrauen auf meine eigenen Fähigkeiten meinen Weg zu gehen. Ich will den Schulabschluss schaffen."

Ich frage Keiri, welchen Beruf sie ergreifen möchte. Sie sagt:

„Flugbegleiterin. Ich lerne schon Englisch. Und um das Geld für die Ausbildung aufzubringen, werde ich noch viel, viel, viel mehr Plastikflaschen sammeln."

Keiri nennt auch Zahlen für die Ausbildungskosten:

„35 US-Dollar monatlich. Und für Bücher und eine Uniform nochmals 25 US-Dollar monatlich."

Leider war die Zeit zu kurz, um Keiri noch einmal zu treffen. Alle meine guten Wünsche begleiten dieses mutige Mädchen mit seiner Tatkraft und seinen Träumen. Am 17. April, als wir schon nach Deutschland zurückgekehrt waren, hat Keiri ihren 19. Geburtstag gefeiert. Wenigstens per Skype schickte ich ihr meine Glückwünsche.

Wiederbegegnung mit Oscar Moreno 2016

Die Begegnung mit Oscar Moreno am 31. August 2014 im Hause der Familie Moreno werde ich niemals vergessen. Ich treffe – völlig unerwartet – auf einen ehemaligen Schüler der Schulen in den Sozialprojekten, die er als Flüchtlingskind besucht hatte. Er wurde später Balletttänzer (klassisches Ballett), machte Karriere am Nationaltheater in Quito, Ecuador und Mexiko Stadt sowie in Monterrey, Mexiko. 2014 kehrte er mit seiner Frau Marta, ebenfalls eine Balletttänzerin, und Tochter zurück nach El Salvador, um in seinem eigenen Land ein Tanztheater aufzubauen. Dieses Tanztheater soll seinem „kleinen, geliebten und so verletzten Land" dienen und einen Beitrag zur kulturellen Identität liefern. So erzählte er mir 2014.

Was mich an unserem Austausch damals am meisten beeindruckt hat, waren seine Berichte über seine Schulerfahrungen in der *22 de abril*. In meinen Tagebuchaufzeichnungen notierte ich sie:

„Ich bin Künstler. Die Wurzeln meiner Erziehung und meines Charakters liegen in der Schule der Gemeinde *22 de abril*. Sie hat mein Kreativität herausgefordert. Hier wurde meine Persönlichkeit geformt. Die Schule gab mir meine Identität. Ich bin stolz darauf, dass ich weiß, woher ich komme und wer ich bin. Ich bin stolz darauf, Salvadorianer zu sein. Die Schule hat unser Leben verändert. Sie hat uns befreit. Wir haben uns befreit."

Was mich fasziniert: Oscar trifft als Flüchtlingskind – traumatisiert von Flucht, Krieg und den beengenden Verhältnissen – am neuen Wohnort in der *22 de abril* – auf eine Schule, auf Lehrerinnen und Lehrer, die ihm helfen, diese belastenden Erfahrungen zu überwinden und „zu sich selbst zu kommen". Es ist offensichtlich die Art und Weise des Umgangs mit den Kindern, die Pädagogik, die diesen Lebensweg für Oscar eröffnet. Oscar und seine Frau Marta beschließen gemeinsam – nach dem Erwerb von besten Qualifikationen – als Künstler ihren Beitrag zur Identitätsfindung und damit zur Stärkung des eigenen Volkes in ihrem Heimatland zu geben.

Am 27. März 2016 im Hause Moreno

Für mich ist es eine große Freude, die Familie Moreno wiederzutreffen: Mutter Doña Maria Hilda Chicas (80 Jahre), Vater Don Andreas Moreno (90 Jahre), Rosa (37 Jahre) mit ihrem Mann Andres, Geofredo (46 Jahre) mit seiner Frau Reina, Ana Ludis (45 Jahre) und Oscar (34 Jahre). Es ist die dritte Begegnung mit der Familie Moreno. Seit unserer letzten Begegnung haben die beiden vergangenen Jahre an den Eltern gezehrt. Aber wir genießen, dass wir uns wiedersehen können. Es bleibt wenig Zeit für ein tieferes Gespräch mit Oscar. Darum lädt er uns ein, sein Tanztheater vor Ort in der kommenden Woche kennenzulernen.

In meinen Tagebuchaufzeichnungen halte ich die Not Oscars über den gegenwärtigen Zustand El Salvadors fest:

„Der Konsumismus beherrscht das Land. Ein vordergründiger Fortschrittsglaube an die Technologie hat viel zerstört und verschüttet. Die Kinder kennen die traditionellen Spiele nicht mehr wie z.B. die *capirucha*, das ist ein kleines Spielzeug aus Holz, bei dem die Geschicklichkeit gefragt ist: Man muss eine Spitze auffangen. Wie können wir die Schwierigkeiten mit

Hilfe der Schätze unserer geschichtlichen Erfahrungen überwinden? Wir müssen uns unserer kulturellen Wurzeln wieder bewusst werden, unsere Geschichte aus der Perspektive der Befreiung neu entdecken. Wir möchten unsere verlorene kulturelle Identität durch den Tanz wiederentdecken. In der Tat fingen wir 2014 mit unserem Tanztheater am Punkt Null an.“

Im Januar 2016 schildert Oscar in einer E-Mail die aktuelle Situation des Tanztheaters und beschreibt das kulturelle Tanz-Projekt *Corazon de Tuza*:

„Ich möchte Dir erzählen, dass es uns – Gott sei Dank – gut geht. Mit unserer Tanzschule geht es voran. Das Jahr 2015 war ein erfolgreiches Jahr für uns. Wir hatten viele Schüler und gegen hoffnungsvoll in das neue Jahr. Tatsächlich konnten wir schon einen Fuß ins Nationaltheater setzen. 2015 hatten wir drei Aufführungen zu drei verschiedenen Terminen. Es erfüllt uns mit Freude und Dankbarkeit, dass wir viel Arbeit haben.

Wir sind gerade dabei, ein Projekt für unsere Landsleute in den Vereinigten Staaten zu erarbeiten. Ziel ist, dass sie das von uns entwickelte und gestaltete Projekt eines Tanztheaters sehen können. Es trägt den Titel 'Corazon de Tuza', 'Das Herz von Tuza', 'Tuza' bedeutet 'Maisblatt'. Es erzählt von unseren Sitten und Gebräuchen, von unseren Pflanzen und Tieren und unseren traditionellen Spielen. Hoffentlich können Sie eines Tages unser Tanztheater hier sehen, wenn Sie zurückkehren in unser Land und dann auch unsere Tanzschule besuchen.

Leider bin ich nicht ständig in Kontakt mit Pater Jerry. Aber ich hoffe, dass wir eines Tages etwas gemeinsam machen. Es wäre wunderbar, die kleine Schule, die 'Schule des *padre*' zu tanzen. Alle hier brauchen Tanz, um den Geist anzuregen, dem Geist Nahrung zu geben, den Körper zu verjüngen, fröhlicher Sinne zu sein und nicht einfach nur zu leben und bloß schlechte Nachrichten zu hören...“

Im Tanztheater Panúk im *Centro de Danza*, März 2016

Das Tanztheater Panúk ist in einem sehr großen Haus in Escálon, einem Viertel der Wohlhabenden, untergebracht. Ein großer Garten befindet sich hinter dem Haus. Oscar führt uns durch das Haus: ein Saal, Räume zum Tanzen, die Schneiderei, das Büro, die Räume für Kostüme, die Wäscherei, der Empfang usw. Die Pacht ist zu teuer. Darum haben Marta

Oscar in Aktion

und Oscar entschieden, längerfristig ein eigenes Haus zu erwerben. Später zeigt er uns dieses Haus. Sein Schwager Andres schuftet gerade dort mit Maurerarbeiten. Die ganze Familie Moreno arbeitet an der Tanzschule mit, weil sonst die aktuelle Arbeit und das Bauprojekt nicht zu realisieren sind. Eine Nichte arbeitet am Empfang. Sie ist auch Physiotherapeutin. Schwester Ana Ludis schneidert die Kostüme.

Wir sehen Ballettunterricht unter Martas Anleitung mit Frauen zwischen 20 und 30 Jahren. Marta ist eine äußerst disziplinierte, engagierte Lehrerin. Interessant ist auch eine Ballettgruppe mit drei- bis fünfjährigen Kindern. Für diesen Unterricht hat das Paar eine Ballettlehrerin engagiert, die sich auf diese Altersstufe spezialisiert hat.

Aus einer E-Mail von Oscar vom 18. Juli 2016

„...Ich möchte Dir ein wenig von uns berichten. Wir sind weiter dabei, durch Kunst Bewusstseinsbildung voranzutreiben. Wir möchten zu einem guten Wandel unserer Gesellschaft beitragen. Wir machen nur wenig, aber wir machen etwas. Wir fangen einfach an. Wenn wir einen Menschen sensibilisieren, sind wir sehr glücklich. Aber wir möchten viele erreichen. Das war ja auch immer die Idee von unserem geliebten *padre* Gerardo. So hat er gearbeitet. So hat er sein Projekt weiterentwickelt, damit Menschen Menschen sein können mit einem entsprechenden Bewusstsein im Blick auf die Religion, die Umwelt, die Kultur. Auf diese Weise können wir ein Sandkörnchen zum Wiederaufbau unseres Landes beisteuern. All dies und noch viel mehr haben wir von unserem *padre* Gerardo gelernt.

Du kannst den Solidaritätsgruppen gern von unserer Arbeit berichten. Sie sollen es wissen und sehen, dass es in El Salvador optimistische und fröhliche Jugendliche gibt. Sie tanzen. Und sie integrieren Menschen in dieses Tanzprojekt, die niemals in ihrem Leben Zugang zu Tanz und Theater hatten. Erzähle es den Menschen in den Solidaritätsgruppen: Die Familie Moreno wird immer voll Dank sein für das, was die Schule des *padre* mir an Werkzeugen und Werten gab, dass ich der bin, der ich heute bin: ein ehrlicher, rechtschaffener Mensch, respektvoll, stolz auf seine Wurzeln und vor allem: ein Mensch mit aufrechtem Gang...“

Ein Außerhalb des Kapitalismus ist immer unvorstellbarer geworden – und doch ist/scheint es das einzig Menschliche und Zukunft-Verheißende.

Der evangelische Theologe Martin Block skizziert Impulse aus der Arbeit des Philosophen Robert Kurz und plädiert für ihre Prüfung im Hinblick auf eine aktualisierte Interpretation Marx'scher Kategorien im Kontext der Entwicklung einer europäischen Befreiungstheologie.

Martin Block

Zur Kritik politökonomischer Kategorienbildung
oder: Was die Befreiungstheologie vom Philosophen Robert Kurz lernen *könnte*

In Erinnerung an Jürsche Albohn, Freund, Genosse und Weggefährte

Robert Kurz (1943-2012) war einer der Hauptvertreter des sog. wertkritischen Marxismus der Gegenwart. In frühen Jahren einer kommunistischen Splittergruppe angehörig, wandte er sich bald vom traditionellen Marxismus – oder in seinen Worten „Arbeiterbewegungsmarxismus" – ab, und entwickelte eine neue hegelmarxistische Variante. Dies, obwohl er selber dem Arbeitermilieu entstammte und sich insofern von seinen eigenen Wurzeln entfernte.

Mein „approach" zu diesem Neo-Marxisten ist folgender: Kurz ist an den *Kategorien* marxistischen Denkens und Handelns interessiert, nicht an der unkritischen Rezeption und Durchbuchstabierung einer unaktualisierten Tradition. Er erklimmt im Kategorien-Bereich ungeahnte Höhen, die einerseits die marxistische Tradition, andererseits auch die vor uns liegenden Aufgaben in neuem, bisher unentdecktem Licht erscheinen lassen können. Schließlich und endlich kommt er am Ende seines posthum erschienenen Buchs „Geld ohne Wert" auf die den

Kapitalismus kennzeichnende Kategorie des „Opfers", das den konkreten wie abstrakten Zwang unserer gegenwärtigen universalen Wirtschaftsordnung haarscharf auf den Punkt bringt. Hier ist eine Analogie zum Besten der Befreiungstheologie, wozu ich Franz J. Hinkelammert zähle, nicht nur möglich, sondern sogar geboten. Diese Analogie, dass also Kurz sich – wohl in Unkenntnis befreiungstheologischer Vorarbeit – auf das Opfern des eigenen Lebens gegenüber dem Verwertungszwang kapitalistischer Produktion bezieht, hat mich einerseits überrascht und andererseits zum vorliegenden Aufsatz veranlasst.

Zurück zu Kurz selber. Schon während seines Philosophiestudiums untersuchte und kritisierte er nahezu sämtliche marxistischen Strömungen der Vergangenheit und Gegenwart: die *Deutsche Kommunistische Partei* (DKP), die *Sozialistische Deutsche Arbeiterjugend* (SDAJ), den *Kommunistischen Bund* (KB), den *Kommunistischen Bund Westdeutschlands* (KBW), die *Marxistische Gruppe* (MG) oder die *Marxistisch-Leninistische Partei Deutschlands* (MLPD). Aber auch die theoretischen Speerspitzen um den früheren Revisionismus-Streit, also Kautsky, Luxemburg und Bernstein, die späteren kritischen Hegelmarxisten Lukacs, Adorno bzw. die Frankfurter Schule wurden systematisch thematisiert und kritisiert, was zu einigen Differenzen und auch Diffamierungen von andersdenkenden MarxistInnen führte.

In seinem letzten, posthum veröffentlichten Buch *Geld ohne Wert* (2012) versuchte Kurz das Kunststück, den Gegensatz der beiden neu entstandenen Marx-Schulen „Neue Orthodoxie" (Haug, Heinrich) und „Neue Marx-Lektüre" (Reichelt, Backhaus, Brentel) so auf den Punkt zu bringen, dass seine eigene Auffassung als das „Jenseits" dieser Gegensätze aufscheinen sollte. Hierin eingefasst war dann auch eine Auseinandersetzung mit früheren Theorie-Weggefährten (Wertkritik), wobei er die Göttinger methodenkritischen Ableger (ehemals „karoshi") merkwürdig unbeachtet ließ.

Kurz' ureigenes Thema war die Fundamentalkritik des Kapitalismus mit Marx über Marx hinaus. Mit seiner Fetischkritik kam er schlussendlich Hinkelammerts theologischen Thesen sehr nah. Und zwar gerade in dem Versuch, die materialistische Kritik nicht vorschnell an bisherigen Aporien abbrechen zu lassen. Und – wie gesagt – hinsichtlich des

Opferbegriffs kam Kurz zu überraschenden, nahezu befreiungstheologie-kompatiblen Kritik-Ansätzen.

Kurz gab seit den 1980er Jahren in Nürnberg die Zeitschrift *Krisis* heraus, überwarf sich später mit einigen anderen Redaktionsmit-gliedern (u.a. mit Norbert Trenkle und Ernst Lohoff) und gründete mit den verbleibenden Gleichgesinnten die Zeitschrift *Exit*, zu der auch seine Lebensgefährtin Roswitha Scholz gehörte (bekannt durch ihr „Abspaltungstheorem", einer feministischen Spielart des wertkri-tischen Marxismus).

1. Kurz' Hinterfragung Marxscher Kategorienbildung

Kurzens Anfragen an die Marx'sche Theorie sind nun folgende:

a) Sind Marxens Kategorien (Wert, Ware, abstrakte Arbeit) nur theoretische Kategorien oder Realkategorien bzw. „objektive Daseinsformen" (Marx)?

b) Sind Marxens Kategorien für die gesamte Geschichte zutreffend oder nur für den Kapitalismus? Überwiegt eher das Dynamische oder eher das Statische (wird also vom Tauschwert als faktischer Gegebenheit ausgegangen oder ist der Tauschwert wesentlich eine bloße Entwicklung)?

c) Frage zum Verhältnis von den Kategorien zur kapitalistischen Totalität: gibt es Einzelkapitale, an denen sich schon die gesamte gesellschaftliche Problematik ausmessen lässt - oder kann man vom „Kapital" nur als Totalitätszusammenhang sprechen, also *post festum*, nachdem sich der Kapitalismus ganz bzw. als Ganzer durchgesetzt hat?

d) Gibt es für die marxistischen Kategorien ein „transzendentales Apriori", also ein Sein vor aller Erfahrung (Kant) oder kann man die Kategorien als gegeben (empirisch, rational) hinnehmen, also ontologisch (seinsmäßig) ohne erkenntnistheoretischen Hintergrund?

e) „Ist der Status der Kategorien der Kritik der politischen Ökonomie ein positiver oder ein negativer?"[1] Diese Frage ist die Fundamentalfrage: kann man überhaupt etwas als seiend oder sicher oder gesichert ansehen oder ist die Kritik lediglich eine negative Kritik des Bestehenden, eben des Kapitalismus?[2]

Kurz kritisiert die beiden wesentlichen Marx-Schulen (Neue Orthodoxie = Theorie-Praxis-Zusammenhang bzw. Neue Marx-Lektüre = Hegelmarxismus) der europäischen Gegenwart außerordentlich kenntnisreich, präzise und differenziert, im Wesentlichen anhand der oben genannten Fragestellungen. Letztlich wirft er beiden Richtungen vor, entweder das Geschichtliche oder das Logische oder aber den Zusammenhang von beidem[3] zu unscharf bzw. zu undialektisch gesehen und entwickelt zu haben. Dabei ist immer wieder verblüffend, wie treffsicher Kurz die Schwächen der jeweiligen theoretischen Positionen aufzeigt und – meist auch zu Recht – kritisiert. Es gibt weitere Kritikpunkte Kurzens: der „Geist des Positivismus", alles für gegeben und nichts als komplex und geschichtlich entstanden sehen zu können.[4] Des Weiteren den „methodischen Individualismus", also eine wissenschaftlich-induktive Vorgehensweise: vom Einzelding zum Allgemeinen, die „Kinderkrankheit" des bloßen, unreflektierten Subjektivismus.[5]

Schließlich und endlich entlarvt Kurz – gerade auch in reformistischen Debatten – das permanente Übersehen des tödlichen Zwangscharakters des Kapitalismus. Anthropologische Konstanten oder postmoderne Subjektkritik lässt er gleichermaßen nicht gelten: die freiheits- und identitätsraubende Kapitalismusstruktur wird nach Kurz erst in Marxens Fetisch-Kapitel – und übrigens dann auch bei Benjamin in „Kapitalismus als Religion" – kategorial und damit fundamental deutlich. An

---

1 Kurz 2012: 30.
2 Diese Frage ist keine bloß theoretische, sondern eine des kritischen Theorie-Praxis-Zusammenhangs, letztlich der Frage dienend, wie das kapitalistische System umgewandelt bzw. abgeschafft werden kann.
3 Was also war zuerst da, der Wert, das Geld oder das Kapital? Wie stellt sich das wiederum in der Darstellung, wie stellt sich das wiederum in der Wirklichkeit dar?
4 Dies richtet sich gegen die vorherrschende Wissenschaftsform, zu denen die beiden Marxismus-Schulen nicht gehören.
5 Den Kurz allerdings nicht nur im Wissenschaftsbetriebe, sondern auch im Journalismus sieht – und kritisiert.

dieser Stelle argumentiert Kurz gegen die beiden Marxismus-Schulen, die entweder den Fetisch als Subjekt (Neue Marx-Lektüre) oder als Objekt (Neue Orthodoxie) überbetont hätten. Aber auch Marx selbst kommt nicht ungeschoren davon: Kurz' Vorwurf an ihn lautet, bei den Einzelkapitalen stehengeblieben zu sein und damit an wichtiger Stelle auch dem „methodischen Individualismus" anheimgefallen zu sein. An Kurz hingegen ist – aus (befreiungs-)theologischer Sicht der Vorwurf zu machen, den „religiösen Schein" bereits als die ganze Religion/Religiosität zu nehmen. Hier wäre zu erinnern an den frühen Marx:

> „Das religiöse Elend ist in einem der Ausdruck des wirklichen Elends und in einem die Protestation gegen das wirkliche Elend."[6]

Religion im kritischen Sinne ist mehr als bloß archaisch, überholt und notwendig ideologisch. Sie ist selber Ideologiekritik – so sie sich denn ihres eigenen Status und ihrer eigenen Verortung bewusst ist. Hier wäre an Karl Barths außerordentlich hilfreiche Unterscheidung von „Religion" und „Glaube" zu erinnern.[7]

Weiter zu den ökonomischen Formen. Die Marx'sche Wertformanalyse kann Kurz' fundamentale Anfragen an Marx und Marxismus gut illustrieren bzw. vertiefen.[8]

Dort macht Marx folgende Gleichungen des (kapitalistischen) Warentauschs auf:

- x Ware A = y Ware B (relative Wertform – Äquivalentform);
- Ware – Geld – Ware (W-G-W);
- Geld – Ware – Geld' (G-W-G');
- Geld – Geld' (G – G');
- G".

Fazit der hier skizzierten Warentauschformen: aus der Warenform entwickelt sich die Geldform, die schließlich – in Aktien an der Börse – so selbstreferentiell wird, das sie scheinbar aus sich selbst heraus „geldproduktiv" werden kann. Es bleibt die Frage, was zuerst da war, die Ware

---

6 MEW 1: 378.
7 Barth 1993: I 2, §17 Gottes Offenbarung als Aufhebung der Religion, 3. Die wahre Religion.
8 MEW 23: 63ff.

oder das Geld – und zwar nicht einfach historisch, sondern in kategorialer Hinsicht, also bestimmend auch für Denk- und Handlungsformen einer Gesellschaft. Erst aus der Beantwortung dieser Fragen könne ein Ausweg aus der kapitalistischen Produktionsform möglich werden, andere Versuche müssten als zu unterbestimmt notwendig scheitern.

Doch noch einmal im Einzelnen: Entspringt die Ware der Produktion oder dem Tausch? Wird der Mehrwert einer Ware erst durch den Tausch realisiert oder bereits vorher, also in der Produktion? Marx sagt beispielsweise, der Wert entsteht in der Zirkulation und entsteht doch nicht in ihr. Also ist diese Inwertsetzung ein dialektischer Prozess, der die Dynamik kapitalistischen Wirtschaftens verdeutlicht, zugleich aber auch die Schwierigkeit aufzeigt, die wirklichen Produktionsverhältnisse klar konturiert sehen zu können. Eine wichtige Frage ist beispielsweise die nach der *Form* der gesellschaftlichen Produktion: warum also die im Wert steckende gesellschaftliche Arbeit sich im Wert und die Arbeitsdauer sich in der Wertgröße zeigt bzw. zeigen *muss*. Eine weitere wichtige Frage, letztlich universal aufgespannt – ist die Frage nach dem Geld, nach seiner Entstehung, Wirkung und Qualität. Ist das „Geldrätsel", warum Geld allgemeines Tauschäquivalent ist bzw. sein kann, tatsächlich gelöst, wie Marx behauptet?[9] Denn die Form unseres praktischen und theoretischen Arbeitens ist nach wie vor kapital- und geldinduziert – und zwar in einer letztlich undurchschauten Weise. Wo wäre der Ansatz eines nicht nur theoretisch postulierten *anderen* Primats?

2. Robert Kurz' marxistische Kategorienkritik als Theorie – Impuls für eine europäische Befreiungstheologie

Für eine europäische Befreiungstheologie ergeben sich aus dieser Kapital-Analyse von Robert Kurz skizzenhaft nun folgende Schlaglichter:

---

9 „Hier gilt es jedoch zu leisten, was von der bürgerlichen Ökonomie nicht einmal versucht ward, nämlich die Genesis dieser Geldform nachzuweisen,... von seiner einfachsten unscheinbarsten Gestalt bis zur blendenden Geldform... Damit verschwindet zugleich das Geldrätsel." (MEW 23: 62)

- Die Marx'schen Kategorien sind nicht ein- für allemal festgelegt, sondern dynamisch, hinterfragbar, veränderbar. Sie sollten in ihrer Dynamik die logisch-historische Frage (was am Kapitalismus ist transhistorisch, was ist zeitlich begrenzt?) beantworten helfen – oder zumindest die Defizite bei diesen Anstrengungen klar benennen können.
- Der Kapitalismus hat sich nach innen und außen entwickelt: von den Anfängen im 17./18. Jahrhundert zum Manchesterkapitalismus des 19. Jahrhunderts, über die Katastrophen der beiden Weltkriege zum Abkommen von Bretton Woods, den „Reagonomics" der 1980er Jahre, der dotcom-Blase Anfang des neuen Jahrtausends bis hin zur nur scheinbar gelösten Wirtschafts-Krise 2008/2009.
- Der Kapitalismus hat sich aber auch stärker in Geist und Seele der Menschen eingebrannt als je zuvor (self-profiling, Selbstausbeutung, „inneres Zeitregime"). Ein „Außerhalb" des Kapitalismus ist immer unvorstellbarer geworden – und doch ist/scheint es das einzig Menschliche und Zukunftsverheißende.
- Im Widerstand gegen diese Entwicklungen sind nicht nur Worte und Begriffe neu zu entwickeln, sondern auch ihre Grundlagen (Kategorien), sowie ihre Traditionen („Große Erzählung" der jüdisch-christlichen Tradition, soziale Bewegungen, Widerstand, Kreativität, Neu-Schöpfung). Das sind nicht nur die biblischen Traditionen des Exodus, der Sinai-Offenbarung und der messianischen Jesus-Bewegung in ihrer Historizität und „Nachahmung", das ist auch die Hoffnung auf eine (leibliche) Auferstehung, die den historischen Rahmen sprengt, so wie das uns – hier fatalerweise – gleichermaßen im Kapitalismus droht. Dort eine Verheißung – hier eine Bedrohung, das ist die fundamentale Grund-Spannung unserer Welt in unserer oft tödlichen Gegenwart.
- Sehr wesentlich: auf dem Weg zu einem menschlichen, wahrhaften Sozialismus braucht die Theologie nicht nur den Sozialismus, sondern auch der Sozialismus die Theologie[10]

---

10 Ein wichtiger, nach wie vor gültiger Hinweis Hinkelammerts 1995: 271, der an dieser Stelle Theologie als Garanten des „menschlich nicht Machbaren" ansieht.

- Schließlich und endlich ist auf den Gegensatz von Fetisch-Gesellschaft und „Geschenk"-Gesellschaft (die Priorität haben menschliche Bedürfnisse und die Natur, Leben ist ein Geschenk, das zur Lebensfreude Anlass gibt) hinzuweisen. Kurz bringt – auf dem Höhepunkt seiner Analyse – den Fetischcharakter des opferheischenden Kapitalismus auf den Begriff. Dabei ersetzt dieser das Opfer des „maschiach" Jesus durch das Opfer eines selbstinstallierten menschengemachten Prinzips („Sie wissen es nicht, aber sie tun es!"[11]). Dieses Opfer-Prinzip ist unerbittlich, zwanghaft bis in den Tod und blind bis in das Schwärzeste. Die bestehenden Gesellschaften haben sich dieses Prinzip auferlegt, ohne es zu kennen oder es zu durchschauen. Seine Herrschaft ist umso gefährlicher wie es selbst undurchschaubarer und unkritisierbarer (da theoretischer, virtueller, unsichtbarer) wird. Eine Auf-Hellung ist nur möglich über eine genaue, gründliche, komplexe Analyse (bis hin zur Struktur und Veränderung in der Zeit), mit Abstraktionskraft und gleichzeitigem Willen zur Konkretion, über eine große Nüchternheit über die eigenen Kräfte und über die einfache Klarheit, einmal mehr am Scheidewege zu stehen: Tod oder Leben, Fetisch oder Adonaj! Diesen Dualismus zu erwähnen ist heutzutage verpönt. Aber: er ist real und wird in verkannter, verkürzter und unseliger Weise von den verschiedenen religiösen Fundamentalismen gegenwärtig unaufgeklärt, jedoch beständig instrumentalisiert, eben nicht emanzipatorisch interpretiert und angewandt.

Ausblick

Unsere Welt ist weder herrschafts- noch ausschlussfrei, weder kritik- noch alternativlos. Wer das behauptet, weiß nichts von den Tiefendimensionen des Lebens und seiner Strukturen. Und auch nichts von der widerständigen biblischen Tradition, die uns anhält, *genau* hinzuschauen, aber auch genauso *mit Vertrauen* hinzuschauen. Ohne Beharrlichkeit im Verändern und ohne Vertrauen auf das gute Leben ist weder eine lebens- und liebesbejahenden Theologie noch ein ebensolches Leben möglich. Der gesellschaftliche *status quo* scheint unverändert: Interesse gegen

---

11 MEW 23: 88.

Interesse, Theorie gegen Theorie, Klasse(n) gegen Klasse(n). Und doch gibt es eine Option: die für Gott und *damit* zugleich für die Ärmsten, sei es im Geiste, sei es materiell. „The future is unwritten" – zugleich biblisch: „Deus dixit" (Gott sprach), wonach sich Christinnen und Christen ausrichten dürfen. Dieses (christologische) Wort und – messianisch – die immer wieder neu und überraschend befreiend auszulegende Tora bleiben den Widerständigen dieser Welt. Und so wird – *sub specie aeternitatis* – zumindest die Hoffnung auf einen grundlegenden Sinnes- und Politikwandel unseres gegenwärtigen Systems nie gänzlich untergehen. Denn in dieser Hoffnung steckt Gottes Verheißung, die er nach einem Bonhoeffer-Wort einstmals in Gänze erfüllen wird. Und so wird es – ein Segen – immer wieder neu kleine Tora-Gläubige und Tora-Lebende geben – so *Adonaj* will und wir denn leben.

Literatur

Barth, Karl (1993): *Kirchliche Dogmatik.* Zürich (Studienausgabe).

Duchrow, Ulrich (1986): *Weltwirtschaft heute. Ein Feld für Bekennende Kirche.* München.

Duchrow, Ulrich (1994): *Alternativen zur kapitalistischen Weltwirtschaft.* Mainz.

Hinkelammert, Franz J. (1985): *Die ideologischen Waffen des Todes.* Münster.

Hinkelammert, Franz J. (1994): *Zur Kritik der utopischen Vernunft.* Luzern.

Kurz, Robert (1991): *Kollaps der Modernisierung.* Frankfurt a.M.

Kurz, Robert (1995): „Die Himmelfahrt des Geldes". In: *Krisis* Nr. 16/17, S. 21-76.

Kurz, Robert (2012): *Geld ohne Wert.* Berlin.

Marx, Karl (MEW 1): „Zur Kritik der Hegelschen Rechtsphilosophie. Einleitung". In: *Marx-Engels-Werke*, Bd. 1, Berlin (DDR) 1983, S. 378-391.

Marx, Karl (MEW 23): *Das Kapital.* Bd. 1, *Marx-Engels-Werke*, Bd. 23, Berlin (DDR) 1979.

Die Autorinnen und Autoren

Dick Boer, niederländischer Theologe, war 1984-1990 als Pfarrer in der DDR, anschließend Dozent für Geschichte der Theologie im 19. und 20. Jahrhundert an der *Universität Amsterdam*; derzeit gehört er zum wissenschaftlichen Beirat der Zeitschrift DAS ARGUMENT. Bis zu ihrer Auflösung war er Mitglied der niederländischen KP und aktiv in der dortigen Bewegung der *Christen für den Sozialismus*.

Martin Block ist ev. Theologe und arbeitet als Seelsorger, Dozent, freier Redner und Publizist. Seit 1990 ist er Mitglied der *ChristInnen für den Sozialismus*, interessiert sich für die Verhältnisbestimmung von Theologie und Marxismus und engagiert sich in *ver.di, Ev. Studierendengemeinde* und weiteren linken Kontexten.

Reinhold Fertig ist Lehrer i.R. für Kath. Religion. Deutsch und Sozialkunde sowie Mitglied der *ChristInnen für den Sozialismus*, bei *Pax Christi* und in der DKP.

Hartmut Futterlieb arbeitete von 1973 bis 1979 als Pädagoge in der *Ev. Studentengemeinde* in Freiburg, wo er sich der Bewegung der *ChristInnen für den Sozialismus* anschloss. Anschließend war er bis zu seiner Pensionierung Studienleiter am *Pädagogisch-Theologischen Institut* der *Ev. Kirche von Kurhessen-Waldeck*.

Philipp Geitzhaus studiert(e) Kath. Theologie und Philosophie in Bonn, Madrid und Münster. Seit 2011 ist er Mitarbeiter am *Institut für Theologie und Politik* mit den Themenschwerpunkten Politische Theologie, Poststrukturalismus, Soziale Bewegungen, Kirche der Armen.

Reinhard Hauff ist seit sechs Jahren Pfarrer in der *württembergischen Landgemeinde Heiningen* (zwischen Stuttgart und Ulm gelegen). Zuvor arbeitete er von 2001-2003 in Kuba für den kubanischen Kirchenrat und danach acht Jahre als Leiter des Zentrums für entwicklungsbezogene Bildung in Stuttgart.

Julia Lis, studierte in Münster, Jerusalem und Krakau Kath. Theologie, Germanistik und Osteuropäische Geschichte. Seit 2013 arbeitet sie als Geschäftsführerin am *Institut für Theologie und Politik* in Münster und beschäftigt sich dort u.a. mit den Themen *Kirche der Armen, Flucht/Migration und Kirchenasyl*.

Fulbert Steffensky arbeitete mit seiner Frau Dorothee Sölle zusammen beim *Politischen Nachtgebet* in Köln mit. Beide gehör(t)en zu den Gründungsmitgliedern von *ChristInnen für den Sozialismus* in Deutschland.

Birgit Wingenroth ist Grundschullehrerin i.R. Seit vielen Jahren ist sie solidarisch verbunden mit den Sozialprojekten in der Gemeinde *22 de abril* in San Salvador, Hauptstadt von El Salvador.